www.ingramcontent.com/pod-product-compliance
Lightning Source LLC
LaVergne TN
LVHW021227080526
838199LV00089B/5840
9789369080564

ادائے کفر

(مجموعہ کلام)

منور لکھنوی

© Taemeer Publications LLC
Adaa-e-Kufr *(Poetry)*
by: Munawwar Lakhnavi
Edition: December '2024
Publisher :
Taemeer Publications LLC (Michigan, USA / Hyderabad, India)

ISBN 978-93-6908-056-4

مصنف یا ناشر کی پیشگی اجازت کے بغیر اس کتاب کا کوئی بھی حصہ کسی بھی شکل میں بشمول ویب سائٹ پر اَپ لوڈنگ کے لیے استعمال نہ کیا جائے۔ نیز اس کتاب پر کسی بھی قسم کے تنازع کو نمٹانے کا اختیار صرف حیدرآباد (تلنگانہ) کی عدلیہ کو ہو گا۔

© تعمیر پبلی کیشنز

کتاب	:	ادائے کفر (مجموعہ کلام)
مصنف	:	منور لکھنوی
صنف	:	شاعری
ناشر	:	تعمیر پبلی کیشنز (حیدرآباد، انڈیا)
سالِ اشاعت	:	۲۰۲۴ء
صفحات	:	۱۱۴
سرورق ڈیزائن	:	تعمیر ویب ڈیزائن

اِنتساب

اُن خوش مذاق نقّادوں کے نام

جنھیں

انتہائی کاوش کے باوجود اِن غزلوں میں

کوئی امتیازی وصف نظر نہ آئے

دروں بینی

مرے وجود میں یہ کون جلوہ آرا ہے — کہ میری خاک کا ہر ذرّہ اک ستارا ہے
مرے ظہور کو بخشی ہے منزلت کس نے — مرے غیوب میں شرکت کسے گوارا ہے
مرے نزول میں شامل ہے مصلحت کس کی — زمیں پہ کس نے فلک سے مجھے اتارا ہے

ادائے کفر کے آئینۂ نگاریں میں
یہ کون حُسنِ غزل بن کے آشکارا ہے

کچھ منوّر کی طرف سے

جگدیش بھٹناگر حیات میرے نہایت درجہ مخلص اور سعادتمند عزیزوں میں ہیں۔ پہلی مرتبہ میں نے انہیں لاہور کے سناتن دھرم کالج میں دیکھا۔ غالباً یہ ۱۹۴۱ کی بات ہے کالج میں اپنے مہربان پروفیسر ہیرالال چوپڑا اور مرحوم پنڈت وتستہ پرشاد فدا کے ایما پر مجھے اپنا کلام سنانے کی خدمت سپرد ہوئی۔ اس نشست کے صدر وصال نصیب منشی سورج نرائن مہر کے صاحبزادے اور پنجاب یونیورسٹی کے ماہر اقتصادیات پروفیسر برج نرائن ایم۔اے۔ تھے جنہیں تقسیم ہندوستان کے المناک حادثے میں جام شہادت نوش کرنا پڑا۔ جگدیش بھٹناگر اس بزم سخن میں مجھ سے خود متعارف ہوئے اور میرے عزیزوں کے حلقے میں داخل ہو گئے۔ یہ رشتہ آج تک قائم ہے۔ اس رشتے کی بنیاد جگدیش بھٹناگر کا خلوص، ایثار، بے نفسی، سعادت مندی اور فرض شناسی کے ساتھ ساتھ ان کا ادبی اور شعری ذوق بھی ہے۔ ان کا مطالعہ وسیع ہے۔ مشکل سے کوئی بڑا یا چھوٹا ادبی اور شعری نسخہ ایسا ہوگا جو ان کی دسترس میں نہ ہو۔ جدید اور قدیم دونوں قسم کے ادبی شاہکار ایک طرف ان کے دل و دماغ کی لائبریری میں اور دوسری طرف الماریوں میں جگہ پا چکے ہیں، اور صدہا شعرا کے کلام کی متعدد نقلیں جن پر انھوں نے اپنا بہت قیمتی وقت صرف کیا ہے ان کے پاس محفوظ ہیں۔ خود بھی شعر کہتے ہیں اور ان کی شاعری غزل گوئی تک محدود ہے۔ روزانہ کئی گھنٹے پڑھنے اور دوسروں کا کلام نوٹ کرنے میں وقف کرتے ہیں۔ اوسطاً فی روز ایک غزل کہتے ہیں اور وہ بھی بیشتر چھوٹی بحروں میں۔ شروع ہی سے مجھے مشورہ کے لئے منتخب کیا ہے مگر چونکہ اب وہ فارغ الاصلاح ہو چکے ہیں۔ ان کی غزلوں کا ایک مجموعہ "اشک و آہ" کے نام سے

شائع ہو چکا ہے۔ اسمیں شک نہیں کہ اتنی لگن والے انسان بہت کم دیکھنے میں آتے ہیں۔ زبردست قوتِ ارادی کے مالک ہیں ان کا ہر عزم مستحکم ہوتا ہے۔ اور اس کی تکمیل میں وہ کوئی کسر اٹھا نہیں رکھتے۔ رضاکارانہ طور پر اپنے اور میرے لئے میرے تمام کلام کی متعدد نقول حاصل کرنیکے ساتھ ساتھ جگدیش بھٹناگر حیات نے میری کئی سو غزلوں میں سے تین سو غزلوں کا انتخاب بھی کیا ہے۔ ہر غزل سے انھوں نے اپنی پسند کے پانچ شعر چنے ہیں اور سارے انتخاب میں یہی اہتمام رکھا گیا ہے۔ میں نے اس انتخاب میں ذرا بھی دخل در معقولات سے کام نہیں لیا ہے۔

اب جگدیش بھٹناگر حیات اس مجموعے کو شائع کرا رہے ہیں۔ اس سے پہلے حال ہی میں میری غزلوں کا ایک انتخاب "نوائے کفر" کے نام سے شائع ہو چکا ہے۔ اسی مناسبت سے حیات نے اس انتخاب کا نام "ادائے کفر" رکھا گیا ہے۔ جسے انھوں نے قبول کر لیا ہے وہ اس کا نام تفسیرِ غم رکھنا چاہتے تھے۔ دونوں مجموعوں میں کچھ غزلیں یا کچھ غزلوں کے اشعار مشترک نظر آئیں گے۔ اس کا احساس ایک ایسی منزل پر ہوا جہاں سے واپسی عملی طور پر محال نہیں تو دشوار ضرور تھی۔ اب تو یہ اشتراک گوارا ہی کرنا پڑے گا۔

ابتک میری اوریجنل تصنیف "کائناتِ دل" منظرِ عام پر آئی ہے۔ جس میں صرف میری سنہ ۱۹۲۹ تک کی تصنیف کردہ نظمیں شامل ہیں۔ اس کے بعد صرف میرے منظوم تراجم شائع ہوئے ہیں۔ مثلاً والمیکی رامائن، بھگوت گیتا، منظوم موسومہ نسیمِ عرفاں۔ مدّرا راکشس۔ درگا سپت شتی۔ کمار سمبھو، وجدانِ حافظ۔ دھمپدہ وغیرہ۔ ابھی کثیر التعداد تراجم اور کئی سو اوریجنل جگر پارے اشاعت طلب ہیں۔ نسیمِ عرفاں اور کمار سمبھو کو کلاسیکل حیثیت حاصل ہو چکی ہے۔ ہند اور پاک دونوں ملکوں میں انھیں سراہا گیا ہے۔

اب دیکھنا ہے کہ میری غزلوں کے ان مجموعوں کو شعر و ادب کی دنیا میں کیا مقام دیا جاتا ہے۔

غزلوں کا معاملہ عام طور پر فراز زیادہ نازک سمجھا جاتا ہے۔ اسی لئے تو میں نے کہا تھا ؎

فکر کی کونسی منزل سے گزرتا ہوں میں
اب تو اک شعر بھی کہتے ہوئے ڈرتا ہوں میں

فیض گنج دریا گنج
۲۵ فروری سنہ ۱۹۶۲ء

بشیشور پرشاد منورؔ لکھنوی

پیش گفت

مقامِ شکر ہے کہ آج "ادائے کُفر" آپ کی دست بوسی کا شرف حاصل کر رہی ہے۔ ادائے کُفر میرے محترم بزرگ جناب منوّر لکھنوی کی تین سو غزلوں کا انتخاب یا بالفاظِ دیگر "مختصر ایڈیشن" ہے۔ غزلوں کے انتخاب میں یہ التزام روا رکھا گیا ہے کہ مطلع و مقطع کے علاوہ ہر غزل سے تین اور ایسے اشعار لئے جائیں جو میرے نقطۂ نظر سے منوّر صاحب کے انفرادی رنگ کی غمازی کرتے ہوں۔ یہ انتخاب کسی ایک دَور کی کہی ہوئی غزلوں پر مشتمل نہیں ہے۔ آپ دیکھیں گے ایک ہی صفحہ پر جہاں آپ اُن کی پچاس سال پہلے کہی ہوئی غزل سے لطف اندوز ہوں گے وہاں اُن کی تازہ نگارشات بھی آپ کو دعوتِ مطالعہ دیں گی۔ بایں ہمہ آپ دیکھیں گے کہ یہ تمام غزلیں ایک ہی سلسلہ کی کڑی معلوم ہوتی ہیں۔ ابتدائے شعور میں ہی شاعر کی ذہنی پختگی اور انتہائی بالغ نظری کی اس سے بڑھ کر نظیر اور کیا ہوگی۔

اس سلسلے میں یہ عرض کرنا غالباً نامناسب نہ ہوگا کہ دس گیارہ سال اُدھر جب میں نے منوّر صاحب کی تمام غزلوں کو ردیف وار ترتیب دیا تھا تو میرے ذہن میں اُن کی کتابی صورت میں اشاعت کا ایک جداگانہ تصوّر تھا۔ میں چاہتا تھا کہ انتخاب میں مطلع و مقطع کے علاوہ ہر غزل سے کم از کم پانچ شعر ضرور لئے جائیں اور کسی ایک مجموعے میں سو غزلوں سے زیادہ نہ ہوں اور میں نے واقعتاً کئی سو غزلوں کو اسی طرح مختصر مجموعوں کی صورت میں ترتیب دے لیا تھا۔

اسی سلسلے میں کئی سال ہوئے میں نے بزم منورؔ کے نام سے اجتماعِ شعراء کی ایک صورت بھی نکالی تھی، لیکن ایک انتہائی ناخوش گوار حادثے نے نہ صرف مجھے اس بزم کی نشستیں منقطع کر دینے پر مجبور کر دیا بلکہ میں فانی مرحوم کے مندرجہ ذیل شعر پر کلیتاً عمل کرنے لگا۔

یوں سب کو بھلا دے کہ تجھے کوئی نہ بھولے
دنیا ہی میں رہنا ہے تو دنیا سے گزر جا

تفصیل اس اجمال کی یہ ہے کہ پانچ چھ سال قبل کسی خوش گمانی کے تحت میں نے ایک ایسے صاحب سے جو ماہرِ اسلامیات سمجھے جاتے ہیں منورؔ صاحب کے ایک ایسے ہی منتخب مجموعۂ کلام پر مقدمہ تحریر فرمانے کیلئے پُرخلوص استدعا کی تھی لیکن صاحبِ موصوف نے میری درخواست کچھ اس بھونڈے پن سے ٹھکرا دی جس کی اُن کی "غالب زدہ" ذہنیت ہی متقاضی ہو سکتی تھی۔ بہرکیف مجھے اُن سے شکایت نہیں۔ "ادائے کفر" نئی ترتیب کے ساتھ دعوتِ نظر دے رہی ہے۔ اگر توفیقِ ایزدی اور آپ کی اعانت شاملِ حال ہوئی تو ممکن ہے کہ منورؔ صاحب کی مزید تین سو غزلوں کا انتخاب "ضیائے کفر" کے نام سے عنقریب آپ کی خدمت میں پیش کرنے کی سعادت حاصل کروں گا۔

جگدیش بھٹناگر حیات ۲۷ فروری سنہ ۱۹۶۲ء

بشیشور پرشاد منوؔر لکھنوی

اور

اُن کی ادبی خدمات

تاریخ پیدائش — ۸۔ جولائی ۱۸۹۷ء

مقام پیدائش — محلہ نوبستہ۔ لکھنؤ

پیدائش بخانہ ملک الشعراء منشی دوارکا پرشاد افق لکھنوی خلد آشیاں

مختصر حالات

۱۔ سرکاری ملازمت۔ ستمبر ۱۹۱۳ سے لے کر جنوری ۱۹۵۷ تک (پہلے ریلوے اکاؤنٹس اور بعد ازاں ریلوے آڈٹ کے محکموں میں)

۲۔ آغاز شاعری۔ ۱۹۱۰ء

۳۔ موجودہ مشاغل۔ شعر و ادب کی رضاکارانہ خدمت۔ نیز معاشی حوائج کی تکمیل کے لئے مختلف سرکاری اور غیر سرکاری اداروں کی فرمائش سے ترجمہ و تالیف کا سلسلہ۔

مطبوعہ تصانیف

(منظوم) نذر ادب (رباعیات) ۱۹۲۹

تراجم

بھگوت گیتا موسومہ نسیم عرفاں۔ پہلا ایڈیشن ۱۹۳۶ دوسرا ایڈیشن ۱۹۵۵ چھٹی ایڈیشن ۱۹۶۱

کائنات دل (نظموں کا مجموعہ) مکمل	۱۹۳۹	انتخاب	۱۹۵۵
کمار سمبھو	۱۹۵۲	دھمپد یا سچی راہ	۱۹۵۴
وجدانِ حافظ	۱۹۵۶	درگا سپت شتی	۱۹۵۵
مدرا راکھشس (ڈراما)	۱۹۵۸	گجیندر موکھش	۱۹۵۶
اودھوت کا ترانہ	۱۹۵۹	روحانی مکالمہ	۱۹۶۰
نوائے کفر (غزلوں کا مجموعہ)	۱۹۶۱	راماین والمیکی (نثر)	۱۹۳۱
لنکن نے کہا	۱۹۶۰	دادا ہنرو	۱۹۶۱
ذرے سے آفتاب (ترجمہ)	۱۹۶۱	ایلینر روزویلٹ (ترجمہ)	۱۹۶۲
ساگر سنگیت معروف بہ بحرِ ترنم	۱۹۶۲		

غیر مطبوعہ شعری تراجم: چارودت (سنسکرت ڈراما) گیت گووند۔ صہبائے دوام یعنی رباعیات عمر خیام افکارِ بلند۔ الہاماتِ ایرانی۔ گیتانجلی۔ یوگ سار۔ تعبیر منظوم (قرآن کریم کی کچھ سورتوں کے مطالب منظوم) الہاماتِ مغرب (انجیل مقدس کے کچھ منظوم حصص)

نثری تراجم۔ نالۂ بیکس۔ تلسی داس کی سہنے پترکا کا ترجمہ۔ سری روپ کلا (بہار کے ایک باکمال بھگت) کے سوانح

شعری تصانیف۔ سوزِ وطن۔ جگر ہائے لخت لخت۔ زیرہ گل (رباعیات وقطعات) تاثراتِ منور (نظموں کا مجموعہ) ضیائے کفر۔ عطائے کفر۔ بنائے کفر (غزلوں کے مجموعے) زعفران زار (مزاحیہ کلام) شگفتہ عقیدے۔ شعری خاکے۔ فریادیں۔ خون کے آنسو (نوحہ جات کا مجموعہ) ادبی سہرے۔ وشو دیدنا (ہندی منظومات) طوافِ عجم (فارسی کلام کا مجموعہ)

معروضات۔ ان مضامین نثر کا مجموعہ جو مختلف اخبارات و رسائل میں شائع ہوئے ہیں۔

11

محسوسات

ایضاً

نامکمل یا زیر تصنیف ادبیات

رگھوونش (کالی داس کا ترجمہ) منظوم
مالویکاگن متر " ناٹک
شکنتلا " ناٹک
رام کتھا یا رامائن منظوم
فاؤسٹ (گیٹے کا ترجمہ) منظوم

مول کیا اور کسی کا یہ لگائے اے دوست
اپنی قیمت بھی منوّر سے لگائی نہ گئی

۱۳

سوزِ بے ساز ہی نہیں حال ہے کچھ عجب ترا
میں تو نیاز مند ہوں ناز ہے بے سبب ترا

عشوہ کامیاب ہے جو بھی ہے بے حساب ہے
رحم ترا، کرم ترا، قہر ترا، غضب ترا

میں تو ہوں نقشِ زیرِ گام جانتا ہوں ترا مقام
مجھ پہ یہ کیا ہے اتہام میں نہ کروں ادب ترا؟

جانے کی طرح جائے گی جان یہ کب سے تیرے لئے؟
آنے کی طرح آئے گا مجھ کو خیال کب ترا!

دستِ دعا نہ پاس ہے بختِ رسا نہ ساتھ ہے
کیوں ہو منورِ حزیں بندۂ منتخب ترا!

جو ماہتاب میں ہے وقتِ شب جمال ترا
ہے صبح دم وہی خورشید میں جلال ترا

صبا میں ہے جو لطافت تری لطافت ہے
جمال ہے جو گلوں میں ہے وہ جمال ترا

کھنچی ہوئی چلی آتی ہے اس میں اک دنیا
سما رہا ہے مرے دل میں یوں خیال ترا

فنا سے کام تجھے کیا کہ جاوداں تو ہے
نہیں زوال سے نادم کبھی کمال ترا

ہے ذرہ ذرہ منور تری تجلی سے
کچھ ایک مہرِ مبیں میں نہیں جلال ترا

ہو گا اب اس سے اور سوا کیا کرم ترا
ہے خوش نصیب جس کو میسر ہے غم ترا

کہنے کے واسطے تجھے کہتے ہیں سب خدا
میری نگاہ میں ہے یہ منصب بھی کم ترا

یہ اور بات ہے کہ ہیں تیرا ہی دم بھریں
تجھ سے کہیں زیادہ مقدم ہے غم ترا

میرے مقامِ دل کو بھی اپنا قرار دے
ہونے کو یوں تو دیر ترا ہے حرم ترا

ہوتا ہے کچھ عجیب ہی عالم غریب کا
کرتے ہیں ذکر جب بھی منور سے ہم ترا

۱۴

اُف رے ہر وقت اضطراب مرا
رنگ لائے گا پیچ و تاب مرا

نیتِ مے کشی میں نیکی ہے
حال ہو کس لئے خراب مرا

لمحہ لمحہ تھا زندگی کا جمیل
کتنا رنگین تھا شباب مرا

میں تو خود اس کو دے رہا ہوں نوید
کیا بگاڑے گا انقلاب مرا

پارسائی ہوئی منورؔ ختم
رُخ ہے اب جانبِ شراب مرا

کیا کوئی سمجھے گا افسانہ مرا
حال ہے سب سے جداگانہ مرا

مے پلانا ہے تو یوں ساقی پلا
ہو کبھی خالی نہ پیمانہ مرا

تم بنا لیتے ہو اپنی داستاں
جب اُلٹ جاتا ہے افسانہ مرا

ظرف میرا، میری ہمت دیکھ کر
چوم لیتے ہیں وہ پیمانہ مرا

اے منورؔ میں ہوں اک آزاد مرد
مشرب و مسلک ہے رندانہ مرا

اک قدم ہمرہ مرا، ایک قدم راہ مرا
یہ کہاں محوِ سفر ہے دلِ آگاہ مرا

زعمِ ناکام سے شائستۂ عرفاں ہو کر
راہ پر آ ہی گیا رہبرِ گم راہ مرا

بے خودی ہو چمن آرائے ہنر، آگاہی
مے کدے میں جو گزر ہو کبھی ناگاہ مرا

نظر و فکر کے اور رنگ ہوں جلوہ طراز
تم نے دیکھا نہیں شاید حشم و جاہ مرا

اُن سے کہتی ہے منورؔ مری خلوت طلبی
کہ نہ ہو ذکر کسی سے بھی سرِ راہ مرا

کچھ اِس قدر ہے پریشاں نفس نفس میرا
میں زندگی کو اُلٹ دوں چلے جو بس میرا

کہاں کہاں نہ گیا حالِ دل سُنانے کو
بنا نہ کوئی کہیں پھر بھی دادرس میرا

لئے پھروں گا ہمیشہ میں اِس کی خاکستر
رہے گا ساتھ مرے جل کے بھی قفس میرا

میں سوچتا ہوں مآلِ حیات کیا ہوگا
بجا ہے ضبطِ محبت میں پیش و پس میرا

کسی کے ساتھ منوّر کیا ہو کچھ بھی سلوک
میں چاہتا ہوں کہ گائے نہ کوئی جس میرا

اشکِ خوں بار سے افسانہ رقم ہو میرا
مُوئے مژگاں جسے کہتے ہیں قلم ہو میرا

مانعِ تیزیِ رفتارِ خضر کی تقلید
مری یہ سعی کہ منزل پہ قدم ہو میرا

مجھے معلوم ہے جو کچھ مری قسمت میں ہے
مر بھی جاؤں تو نہ کچھ آپ کو غم ہو میرا

روشناس آپ ہی فرمائیں اجل سے مجھ کو
آئیں جس وقت لبوں پہ مرے دم ہو میرا

کُفر و دیں میری نظر میں ہیں منوّر یکساں
گھر مرا دیر ہو کاشانہ حرم ہو میرا

ہر اک کے تجربے سے مختلف ہے تجربہ میرا
نہ کیوں سب سے الگ ہو زندگی پر تبصرہ میرا

نہیں معلوم کتنی مرتبہ مرنا پڑا مجھ کو
جئے جانا مرا ہر حال میں ہے معجزہ میرا

مری ہستی نہیں محدود ہر گز چند لمحوں تک
ازل سے تا ابد جاری رہے گا سلسلہ میرا

یہ مجھ سے شکوہ کیوں ہے مری قسمت کے بارے میں
تمہارا فیصلہ جو ہے وہی ہے فیصلہ میرا

منوّر پہلے اپنے ذوق پر تنقید فرمالیں
مرے احباب ناحق لے رہے ہیں جائزہ میرا

۱۶

کاہشیں لے اُڑیں فراغ اپنا
دل کا دشمن بنا دماغ اپنا

طاقِ کعبہ یہ طاقِ کعبہ ہے
جب سے روشن ہوا چراغ اپنا

کیوں کریں دل کسی کا افسردہ
کیا دکھائیں کسی کو داغ اپنا

مر کے پھر زندگی کے سامان میں
بُجھ کے تو دیے اُٹھا چراغ اپنا

اب منوّر ہو خاکِ فکرِ سخن
کام کرتا نہیں دماغ اپنا

شکستِ ظرف سے کھوئیں نہ ہم بھرم اپنا
شراب پی کے نہ بہکے کبھی قدم اپنا

یہ جانتے ہیں کہ معراجِ زندگی کیا ہے
وفا کی راہ میں رکھتے ہیں سر قلم اپنا

ہم اپنے دل کو مقامِ خدا سمجھتے ہیں
یہی ہے دیر اب اپنا یہی حرم اپنا

یہ بل جبینِ قضا و قدر پہ کیوں آخر؟
بنا رہے ہیں مقدّر جو آج ہم اپنا

بہت خلوص منوّر کے دل میں پایا ہو
عجیب شخص ہے یہ دوست محترم اپنا

کیا دکھائیں کمالِ فن اپنا
وحی ہے وحی ہر سخن اپنا

ہم تو دشمن سے بھی نہیں کھنچتے
ہے یہی شیوۂ حُسن اپنا

انقلاب آئے کوئی خواہ نہ آئے
ہم بدلتے نہیں چلن اپنا

کیسے ہو اس طرف بہار کا رُخ
اب چمن ہی نہیں چمن اپنا

ہم پسِ مرگ بھی منوّر ہیں
چادرِ نور ہے کفن اپنا

۱۷

آ ہی گیا پیغام اجل کا
بادۂ عمر کا ساغر چھلکا

دیدۂ مضطر نے تمہیں دیکھا
پان سا نازک پھول سا ہلکا

خاک میں ملتے دیکھ کے موتی
آنسو میری آنکھ سے ڈھلکا

اجرِ عمل سے کیا تجھے مطلب
طالب ہے کیوں اجرِ عمل کا

محفل ہے بے جانِ منوّر
رنگ جمے کیا تیری غزل کا

ہوا جو نجد کی مٹی سے رنگِ رخ میلا
دھلا ہے قیس کے اشکوں سے چہرۂ لیلیٰ

سُنا نہ جائے گا بلبل کا ہم سے واویلا
چمن میں جا کے نہ صیاد دام تو پھیلا

الجھ کے رہ گیا محمل سے جوشِ وحشت میں
کھنچا نہ قیس کے ہاتھوں سے دامنِ لیلیٰ

ہو جس کی لے سے ہم آہنگ میرا نالۂ زار
کوئی وہ محفلِ جاناں میں مطربائے لا

جو اجتناب منوّر ہے بادہ نوشی سے
غزل میں اپنی نہ ذکرِ صراحی و مے لا

ہے کچھ اگر سلیقہ ہے کچھ اگر قرینا
مرنے کی طرح مرنا جینے کی طرح جینا

کرتا ہوں پار دریا طوفان کی مدد سے
میری نگاہ میں ہے ہر موج اک سفینا

اِس میں بھی روشنی ہے اُس میں بھی روشنی تھی
میرا بھی ہے وہ سینہ موسیٰ کا تھا جو سینا

جس سمت سر جھکا کا دل گلشن عرق عرق ہے
ٹپکے مری جبیں سے ہر پھول کا پسینا

پرہیز کس لئے پھر جب رائے ہے یہ سب کی
جائز ہے اے منوّر تم کو شراب پینا

دلِ جستی کا افسانہ کہے گا تم کبھی سُن لینا
جُنوں کے رازِ دیوانہ کہے گا تم کبھی سُن لینا

وہ دل جس سے گلے اپنے رہے ہو یاد تم اپنی
زمانہ اُس کو ویرانہ کہے گا تم کبھی سُن لینا

زبانِ خلق کا شاید نہ تم کو اعتبار آئے
خود اپنا حال دیوانہ کہے گا تم کبھی سُن لینا

دلِ نظارہ جو ہر بات اُس حُسنِ مجسّم سے
یہ اندازِ کلیسا نہ کہے گا تم کبھی سُن لینا

منور بہکی بہکی گفتگو یونہی کیے جاؤ
تمھیں ہر شخص دیوانہ کہے گا تم کبھی سُن لینا

بُرا دیکھ لینا بھلا دیکھ لینا
دکھائیں جو ارض و سما دیکھ لینا

یہ دُنیا سلا یہ آنکھیں سلا
جہاں اس کی ہو انتہا دیکھ لینا

نہیں بے صدا گو ابھی سازِ ہستی
یہ ہو جائے گا بے صدا دیکھ لینا

یہ آنکھیں ہی واقف ہیں دشواریوں سے
کچھ آساں نہیں آپ کا دیکھ لینا

منور کا نالہ ابھی نارسا ہے
رہے گا یہ ہو کر رسا دیکھ لینا

جبینِ شوق نے اک آستاں بنا تو لیا
زمیں نے اُٹھ کے کہیں آسماں بنا تو لیا

لبِ حسیں سے تبسم بکھیر کر تم نے
رہِ جمال کو اک کہکشاں بنا تو لیا

خیالِ دوست تقاضا ترا اب اور ہے کیا
مرے عزیز تجھے جانِ جاں بنا تو لیا

بنائے جانِ عنادل ہے برق و باد کا خوف
سکوں نہ پھر بھی ملا آشیاں بنا تو لیا

خیال میں جو منور تھا ہے وہ پیشِ نگاہ
گُماں کو ہم نے یقیں بے گماں بنا تو لیا

١٩

تم نے اپنا مجھے نہیں سمجھا
تم نے گویا مجھے نہیں سمجھا

ہوش والے نہ جانے کیا سمجھے
ہوش والا مجھے نہیں سمجھا

نہیں اُس کے سوا کوئی میرا
جس نے اپنا مجھے نہیں سمجھا

زاہدِ خشک کھا گیا دھوکا
مستِ صہبا مجھے نہیں سمجھا

بات ایسی ہی کچھ منورؔ تھی
اک زمانا مجھے نہیں سمجھا

کدھر ہیں رند حکمِ ساقیٔ مستانہ آ پہنچا
سنبھالیں ہوش وقتِ گردشِ پیمانہ آ پہنچا

اُلٹ جانا بساطِ عاشقی کا عین ممکن ہے
کوئی بن کر سراپا لغزشِ مستانہ آ پہنچا

یہیں ہم دوشیٔ عقل و جنوں کی کچھ توقع تھی
تری محفل میں ہر دیوانہ و فرزانہ آ پہنچا

تلاشِ مدعا میں خمِ دشنا سی ہو گئی حائل
چلا تھا جس جگہ سے پھر وہیں دیوانہ آ پہنچا

منورؔ وقفِ حیرت کر دیا قیدِ عناصر نے
مرے دل میں کدھر سے جلوۂ جانانہ آ پہنچا

معاملہ ہی کچھ ایسے مقام تک پہنچا
مرا فسانۂ غم خاص و عام تک پہنچا

خدا کی شان جو اب میکدوں کو تھامے ہے
کبھی جو ہاتھ سبو تک نہ جام تک پہنچا

وہ اپنی صبح کو کیا خاک مُنہ دکھائے گا
جو راہرو سرِ منزل نہ شام تک پہنچا

اُس آستاں پہ رسائی کی اب اُمید ہی کیا
جس آستاں کو نہ میرا سلام تک پہنچا

جو تیز رو تھے نہ کیوں اس جگہ پہنچ جاتے
جہاں منورؔ آہستہ گام تک پہنچا

۲۰

ہوائے خار و خس نے مار ڈالا
نشیمن کی ہوس نے مار ڈالا
ہمیں بھی کھینچ ہی لائے قفس میں
اسیرانِ قفس نے مار ڈالا
جوابِ شوق میں اتنا تامّل
تمہارے پیش و پس نے مار ڈالا
جہاں پہنچے وہیں دینا پڑی جان
ہماری دسترس نے مار ڈالا
منوّر پھنک گیا سارا نشیمن
شرارِ یک نفس نے مار ڈالا

کہیں کیسے اجل نے مار ڈالا
ہمیں طولِ اَمل نے مار ڈالا
کسی کی زلفِ پُر خم کا نہ لو نام
ہمیں قسمت کے بَل نے مار ڈالا
ہمیں تھا ناز حسنِ فردِ عمل پر
اسی فردِ عمل نے مار ڈالا
سوال اپنا نہ اتنا جاں گسل تھا
جوابِ برمحل نے مار ڈالا
بھرا ہے کس بَلا کا سوز اس میں
منوّر کی غزل نے مار ڈالا

بصد خوشی ورقِ دل سیاہ کر ڈالا
گُناہ کا تھا ارادہ گُناہ کر ڈالا
خلافِ وضعِ محبّت اسے سمجھتا ہوں
یہ کیوں کہوں مجھے تم نے تباہ کر ڈالا
فریبِ منزلِ مقصود رحم کر مجھ پر!
یہ کس لئے مجھے گم کردہ راہ کر ڈالا
کچھ اور بن نہ پڑا دل سے خاک میں مل کر
زباں کو بستۂ فریاد و آہ کر ڈالا
سُلا دیا مری ہنگامہ گیر فطرت کو
غزل نے مجھ کو منوّر تباہ کر ڈالا

۲۱

بادہ آشام بنائے گا بنانے والا
رندِ خوش کام بنائے گا بنانے والا

انھیں جلوؤں کو جو قائل بنظرِ خاص کیے ہیں
منظرِ عام بنائے گا بنانے والا

جام کا صرف لبِ سرخ تک آنا ہے ضرور
مے کو گلفام بنائے گا بنانے والا

آسماں ہو کے رہے گی کبھی پیشانیِ عجز
فرش کو بام بنائے گا بنانے والا

کام کیا فکرِ دو عالم سے منورؔ تجھ کو
تیرے سب کام بنائے گا بنانے والا

بیداد پر ہے مائل بیداد کرنے والا
فریاد کر رہا ہے فریاد کرنے والا

پابند کرنے والے پابند خوب کر لے
آزاد کر ہی دے گا آزاد کرنے والا

روزِ ازل سے غافل، تیرا ہی دل ہے تجھ کو
ناشاد کرنے والا یا شاد کرنے والا

فریاد جلد سن لے، فریاد سننے والے
مایوس ہو نہ جائے فریاد کرنے والا

آتی ہے اے منورؔ ہنگامِ نزع ہچکی
کرتا ہے یاد شاید اب یاد کرنے والا

زمانے کو درسِ وفا دینے والا
مرا ماجرا ہے رُلا دینے والا

تمنا ہے کیوں تجھ کو اجرِ عمل کی
صلہ دے ہی دے گا صلہ دینے والا

کہیں اور ہو گا کوئی اور ہو گا
ریا کرنے والا دغا دینے والا

خطا ہو تو ایسی، گنہ ہو تو ایسا
پھڑک جائے جس سے سزا دینے والا

منورؔ یہ بے مائگی اور یہ غرّہ
نہ بن ظرف خالی صدا دینے والا

۲۲

رخ اُن کی نگاہوں کا بدل جائے تو اچھا　　　بیمارِ غمِ عشق سنبھل جائے تو اچھا
رہ رہ کے جو ہو درپئے ایذا اپنے رہرو　　　کانٹا وہ کفِ پا سے نکل جائے تو اچھا
تم نقشِ محبّت کو مرے دل سے مٹا دو　　　یوں ہی جو مصیبت مری ٹل جائے تو اچھا
گل آگ نہ ہو جائے جو دونوں میں لگی ہے　　　پروانہ صفتِ شمع بھی جل جائے تو اچھا
ذکر اُن کا کیے جائے مرے سامنے کوئی　　　دل یوں بھی منوّر جو بہل جائے تو اچھا

حُسنِ صد رنگ سے فردوس بہ اماں نکلا　　　ہم نے جس پھول کو دیکھا وہ گلستاں نکلا
ہو گئے داد طلب اور بلاؤں میں اسیر　　　حشر اک سلسلۂ زُلفِ پریشاں نکلا
اور کیا شے ہے یہ معراجِ محبت کے سوا　　　آرزو آپ کی ہو کر مرا ارماں نکلا
خاک میں گردشِ دوراں نے ملایا مجھ کو　　　اور اس پر بھی میں سرِ حلقۂ دوراں نکلا
اُف رے یہ جذبۂ خود دارِ منوّر کی نمود　　　اک عجب شان کا شاعر یہ سخنداں نکلا

کسی صورت سے ہو جاتا ہے سامانِ سفر پیدا　　　ارادہ کر ہی لیتا ہے خود اپنی رہگزر پیدا
گُنہگاری کی نیّت کو گنہگاری نہیں کہتے　　　سفر کے قصد سے ہوتی ہے کب گردِ سفر پیدا
ضروری کیا کہ برسے آگ اوپر سے نشیمن پر　　　خس و خاشاک میں ہو جاتے ہیں برق و شرر پیدا
کوئی پیمانِ غم ہو یا نہ ہو کیا فرق پڑتا ہے　　　اذیّت خود ہی کر لیتی ہے اپنا چارہ گر پیدا
منوّر تجھ پہ شامِ یاس غالب آ نہیں سکتی　　　کہ ہر امّید سے ہوتا ہے اک رنگِ سحر پیدا

٢٣

بے حد نظر فریب ملا، دل نشیں ملا
ہر جلوہ مجھ کو جلوۂ جانِ آفریں ملا

اے آسماں بگاڑ نہ میری وفا کا نقش
مٹّی میں آبرو نہ مری اے زمیں ملا

ہر زہر میں جو تلخیٔ ایّام نے دیا
میرے لبوں کو ذائقۂ انگبیں ملا

اپنا خیال ہی تھا گزرگاہِ جبرئیل
اپنی نظر میں جادۂ روح الامیں ملا

آئے ہیں میرے لب پہ کچھ ایسے سوال بھی
جن کا جواب مجھ کو منوّر نہیں ملا

اُن سے برگشتہ نگاہی کے سوا کچھ نہ ملا
آخرِ کار تباہی کے سوا کچھ نہ ملا

دل کو ہر چند کریدا، مگر اس کی تہ میں
ایک بھٹکے ہوئے راہی کے سوا کچھ نہ ملا

چاند تارے نگہِ یاس میں نکلے بے نور
آسمانوں میں سیاہی کے سوا کچھ نہ ملا

تجزیہ اُن کے ارادوں کا جو کرنے بیٹھے
غیر کی پُشت پناہی کے سوا کچھ نہ ملا

کی منوّر نے دُعا جو بھی وہ ناکام رہی
اجر میں قہرِ الٰہی کے سوا کچھ نہ ملا

کبھی فریاد میں شورِ شکستِ دل نہیں ملتا
مذاقِ غم بغیرِ سعی لاحاصل نہیں ملتا

جسے میں اپنے اک اک مرحلے کا رازداں سمجھوں
مسافر ایک بھی ایسا سرِ منزل نہیں ملتا

بتا اے غیرتِ دل اب کہ تیرا فیصلہ کیا ہے؟
طلب کرنے پہ بھی دربانِ درِ دل نہیں ملتا

مری بربادیٔ کامل پہ موجیں سر پٹکتی ہیں
سفینہ غرق ہو جانے پہ بھی ساحل نہیں ملتا

تمہاری سمت اُٹھتی ہیں نگاہیں تو عجب کیا ہے
منوّر ناقصوں میں ایک بھی کامل نہیں ملتا

۲۴

عیاں نہ پھر کبھی رگ ہائے تن میں جوش ہوا
کسی کے حکم سے جب سازِ دل خموش ہوا

بساطِ بادہ و ساغر ہزار بار الٹی
مگر نہ ختم کبھی شغلِ ناؤ نوش ہوا

عجیب بات ہوئی بات بات میں پیدا
وہ چپ اُدھر ہوئے اور میں اِدھر خموش ہوا

پس از گناہ مری ہو سکی نہ رسوائی
مرا حجاب ہی خود میرا پردہ پوش ہوا

کیا سپردِ اجل اُس کو شوق سے ہم نے
جو بارِ زیست منوّر وبالِ دوش ہوا

مائلِ ضبط آہ بھی نہ ہوا
تجھ سے میں دادخواہ بھی نہ ہوا

دل نے گم گشتگی کی قدر نہ کی
قائلِ خضرِ راہ بھی نہ ہوا

ضابطے سے ثواب کیا ہوتا
قاعدے سے گناہ بھی نہ ہوا

دوستی کا تو خیر ذکر ہی کیا
دشمنی کا نباہ بھی نہ ہوا

کیا منوّر کا پوچھتے ہو مآل
مہر کیسا یہ ماہ بھی نہ ہوا

کسی عنواں بھی علاجِ دلِ زخمی نہ ہوا
کوئی بھی چارہ گری کے لئے راضی نہ ہوا

یہ بھی کیا جلوہ نمائی کا ہے آخر انداز؟
ایک ذرّہ بھی تو سرشارِ تجلّی نہ ہوا

ہے کوئی آ کے مٹا دے مری تحریرِ جبیں
ایک بھی حرف تو شرمندۂ معنی نہ ہوا

کر دیا گو مری بے تابیٔ دل نے رسوا
نہ ہوا مجھ سے تقاضائے تسلّی نہ ہوا

تا دمِ مرگ منوّر یہ کھٹک دل میں رہی
کبھی شرمندۂ درمانِ غمِ ہستی نہ ہوا

۲۵

عجیب رنگ تصور میں کائنات کا تھا
اُڑی جو نیند تو کٹنا محال رات کا تھا

کوئی جو بیٹھ کے سنتا تو کس طرح سنتا
بیاں طویل بہت دل کے حادثات کا تھا

ہوا ہلاکِ تغافل یہ ماجرا کیا ہے؟
وہ دل جو تم سے طلبگار التفات کا تھا

نہ ابتدا ہی کہیں غم کی واردات کی تھی
نہ خاتمہ ہی کہیں غم کی واردات کا تھا

تمام خلق اسے محترم سمجھتی تھی
بڑا وقار منوّر کی بات بات کا تھا

دیا تھا شوق اگر مُتّہم نہ دینا تھا
زیادہ حد سے نہ دینا تھا کم نہ دینا تھا

مرے مزاج کو تو نے خراب کر ڈالا
نہ بخشنا تھی خوشی کوئی غم نہ دینا تھا

اب اس سے ضبط کی ناکامیوں کا شکوہ کیا
دل اس کا اہل نہ تھا دل کو غم نہ دینا تھا

جو مے کشوں سے چھپانا تھے بیخودی کے رموز
لبوں کو حوصلۂ کیف و کم نہ دینا تھا

ہوئی ہے اس سے منوّر کی اور بھی تشہیر
نمود و نام کو حسنِ رقم نہ دینا تھا

پھر کیا تھا جو پردے میں تھا، رسوا تو نہیں تھا
تھا رازِ محبت، مگر افشا تو نہیں تھا

تم جرمِ وفا پر جو ہو آمادۂ تعزیر
یہ صرف مرے دل کا تقاضا تو نہیں تھا

کیا سوچ کے آئی تھی اسے دیکھنے خلقت
کچھ معرکۂ عشق تماشا تو نہیں تھا

کیوں آ کے مرے غم کا سہارا ہوئی اُمید
امروز کا غم تھا، غمِ فردا تو نہیں تھا

پھر کس لئے معتوب زمانہ تھا منوّر
کہتا نہ غزل سوچ کے ایسا تو نہیں تھا

کیا صبا کو پریشاں جستجو کیسا
چھپا رہا میں گلوں میں برنگ بو کیسا

یہ کس نے ڈال دیا ہے طلسم ہستی میں
میں دیکھتا ہوں یہ نیرنگ چار سو کیسا

ہم اتنے خود کو مٹانے میں کامیاب ہوئے
نشاں نہ دل کا ملا نقشِ آرزو کیسا

ملاحظہ ہوں ادائیں ذرا اسیرِ محفل
بدل کے آئے ہیں اندازِ گفتگو کیسا

ملا ہے فیضِ افقؔ[1] سے منورؔ آج یہ فخر!
تمام ہند میں شہرہ ہے لکھنؤ کیسا

جب دل مرا مرقعِ سوزِ نہاں بنا
پروانہ فرطِ رشک سے آتش بجاں بنا

اس گوشۂ زمیں کے مقدّر کو کیا کہیں
بعدِ فنا مزار ہمارا جہاں بنا

چوٹیں اگر ہزار بھی کھائیں تو لطف کیا
جب ایک چوٹ کا بھی نہ دل پر نشاں بنا

جو دل سفر کے نام سے پہلے تھا مضمحل
وقتِ سفر وہی جرسِ کارواں بنا

ہے زندگی اسی سے منورؔ اسی سے موت
تو اپنے دل کو حاملِ کون و مکاں بنا

تم سے ملتجی ہو کر کیا بتائیں کیا پایا
دل کے مدعی تھے ہم دل کا مدّعا پایا

ابتدائے عالم سے انتہائے عالم تک
تم کو ابتدا دیکھا تم کو انتہا پایا

سادگیِ دل دیکھو اعتبار کر بیٹھے
ہو گئے اسی کے ہم جس کو آشنا پایا

ہم سے پوچھیئے کیا ہو اپنے دل سے خود پوچھو
ہم نے تم سے کیا پایا تم نے ہم سے کیا پایا

آنکھ کھولتے ہی کیوں اس قدر مسرّت ہے
صبح دم منورؔ کیا تم نے کچھ پڑا پایا

[1] منورؔ صاحب کے والد مرحوم ملک الشعرا منشی دوارکا پرشاد افقؔ

۲۷

میں مستحق ہوا نگہِ دل نواز کا
ہے شکریہ ہزار غمِ کارساز کا

پھر لائقِ تراوشِ نغمہ بنا مجھے
پردہ کبھی تھا ایک میں ٹوٹے ہی ساز کا

اس کی بقا تو ہے تری نظروں پہ منحصر
محرم ہے کون تیرے سوا دل کے راز کا

میری دُعا سے ہو نہ سکا سلسلہ یہ ختم
دامن چھٹا نہ ہاتھ سے عمرِ دراز کا

چشمِ حسیں کسی کی منوّر ہے چارہ گر
درماں ہوا نصیب غمِ جاں گداز کا

اک مرے دل میں ہے قیام اُن کا
کیا کہیں اور ہو مقام اُن کا

مے کشی سے جو کھیلتے ہیں
تا بہ لب آ سکا نہ جام اُن کا

نہیں محتاجِ رنگ شکل اُن کی
نہیں پابند حرف نام اُن کا

مل گیا مجھ کو گفتگو کا جواب
خامشی بن گئی پیام اُن کا

صاحبِ دل جو اے منوّر ہیں
میں ہمیشہ سے ہوں غلام اُن کا

میں ہوں خوگر شراب پینے کا
کام کیا میرے دل میں کینے کا

دیکھیے ساحل آشنا کب ہو
کیا ٹھکانا مرے سفینے کا

بات کوئی تو ہو سلیقے کی
کام کوئی تو ہو قرینے کا

مر چکی ہیں تمام اُمیدیں
اب سہارا ہی کیا ہے جینے کا

کیا منوّر لگائے مول کوئی
میرے اشعار کے خزینے کا

۲۸

پھر آئے گا کہیں مجھ کو نظر کیا
میں دیکھوں اور تم کو دیکھ کر کیا

مرے سجدے میں دونوں ہو گئے گم
مرا سر کیا تمھارا سنگِ در کیا

تم اپنی منفعل نظروں سے پوچھو
کہوں میں کیا کہ ہے مدِ نظر کیا

خرابِ خانۂ امید ہوں میں
نظر آنے لگا صحرا میں گھر کیا

منوّر تم تو ہو اک مردِ سادہ
تمھیں اندازۂ عیب و ہنر کیا

میری طرف سے ضبط کا قابو کا ذکر کیا
دل کا یہ ذکر کیا ہے یہ پہلو کا ذکر کیا

موتی سی آب دیدۂ مفلس کی جائے کچھ
آنکھیں تمہی ہوں خشک تو آنسو کا ذکر کیا

میرے لئے تو کچھ نہیں فہمائشِ جمال
آخر نگاہ و دل پہ یہ قابو کا ذکر کیا

کیوں اس معاملے میں تعصّب کو دخل دو
اپنی تو ہر زبان ہے اردو کا ذکر کیا

دل زلزلے میں یونہیں منوّر ہے دم بہ دم
کرتے کسی کی جنبشِ ابرو کا ذکر کیا

گزشتہ تمناؤں کا غم کروں کیا
اب ان آرزوؤں کا ماتم کروں کیا

توقع سی کوئی توقع نہیں جب
تشفیِ جذبات برہم کروں کیا

نہ ہو جب طبیعت ہی سجدے پہ مائل
یہ گردن جھکاؤں یہ سر خم کروں کیا

گزشتہ زمانے کی یاد آرہی ہے
گئے شخص کا خیر مقدم کروں کیا

منوّر یہ پردا نہ تم رکھ سکوگے
تمھیں دل کے رازوں سے محرم کروں کیا

۲۹

یہ کام جذبۂ دل نے بہت خراب کیا
سوال کر کے ہزاروں کو لاجواب کیا

رہا نکھر کے سلیقہ مرے تقاضوں کا
تری نظر نے مکمل مرا شباب کیا

اگر نہ غم کوئی دیتے بڑا ستم ہوتا
کرم کیا جو مجھے وقفِ اضطراب کیا

نہ رات رات تھی اُس کی نہ اُس کی نیند نیند
کبھی کسی کو نہ جس نے شریکِ خواب کیا

منورؔ اب ہے مزہ زندگی کا خواب و خیال
بُرا کیا جو گناہوں سے اجتناب کیا

نوائے درد سُنی دل کو بامراد کیا
ہزار شکر کہ تم نے مجھے بھی یاد کیا

ہوئے تمام نظارے حریفِ دل ثابت
غلط کیا جو نگاہوں پہ اعتماد کیا

یہ مجھ کو دیکھ کے آنکھیں جھکا گئیں کس کی؟
مرے فسانۂ دل پر یہ کس نے صاد کیا؟

مرے مزاج سے واقف تھا کون دنیا میں
یہ کس نے دعوتِ غم دے کے مجھ کو شاد کیا

منورؔ ایک نیا دور ہے زمانے کا
تمہیں نے کچھ نہ قدامت سے اجتہاد کیا

برنگِ بادِ صبا گُل کھلائے ہیں کیا کیا
مرے ہی دل نے ستم مجھ پہ ڈھائے ہیں کیا کیا

یہ زندگی کا سفر بھی ہے کچھ عجیب سفر
قدم قدم پہ مقامات آئے ہیں کیا کیا

طرح طرح سے کیا ہے توقعات کا خون
مری نگاہ نے منظر دکھائے ہیں کیا کیا

کوئی غریب اِس حوصلے کی داد تو دے
ذرا سی جان نے صدمے اُٹھائے ہیں کیا کیا

عجیب شے ہے منورؔ کی فکرِ شائستہ
دل و دماغ کے ایواں سجائے ہیں کیا کیا

۳۰

چھپ کے پردے میں کبھی سامنے آیا نہ گیا
بے حجابی کا وہ انداز دکھایا نہ گیا

مصلحت دیکھ کے خود ہم نے کیا عزمِ سفر
موت سے کوچ کا پیغام سنایا نہ گیا

سینکڑوں جلوہ نمائی کے نکالے انداز
سامنے آپ سے لیکن کبھی آیا نہ گیا

رہ گئی جل کے زباں منہ میں تھی سوزش ایسی
ماجرائے دلِ غمناک سنایا نہ گیا

رنج سے جان منور نے تڑپ کر دے دی
صدمۂ فرقتِ احباب اٹھایا نہ گیا

لو احتسابِ لغزشِ خمیازہ ہو گیا
دوشیزگیِ حسن کا اندازہ ہو گیا

اجزائے دل بکھر کے جو سمٹے تو کس لئے
بندش سے بے نیاز یہ شیرازہ ہو گیا

کروٹ تری نگاہ نے تو لی تھی ایک طرف
صدیوں کے انقلاب کا اندازہ ہو گیا

دل مر سکا تھا تم نے مگر جان ڈال دی
مرجھا گیا تھا پھول یہ پھر تازہ ہو گیا

تجھ کو خبر بھی ہے کہ منور ہے کیوں اداس
بند اس پہ تیرے لطف کا دروازہ ہو گیا

منظور تھی لبوں کی مدارات لے گیا
پینے کا شوق سوئے خرابات لے گیا

ماحول نے خوشی سے انہیں کر لیا قبول
میں جس جگہ بھی اپنے خیالات لے گیا

کعبہ تھا خواہ دیر خوشی سے چلے گئے
دل جس جگہ بھی بہرِ ملاقات لے گیا

ہم تو خوشی سے چھوڑ کے جاتے نہ خود اسے
دارِ عمل سے خوفِ مکافات لے گیا

کل جانے کیسے تم بھی منور کے ساتھ تھے
تم کو کہاں یہ مردِ نکو ذات لے گیا

۱۱۱

ساغرِ بادہ بار ٹوٹ گیا
دلِ ہر مے گسار ٹوٹ گیا

چوٹ پر چوٹ کھائے جاتے ہیں
زعمِ صبر و قرار ٹوٹ گیا

کبھی جڑنا نہ پھر نصیب ہوا
دل اگر ایک بار ٹوٹ گیا

وعدۂ التفات نبھ نہ سکا
عہدِ نا استوار ٹوٹ گیا

لی منوّر نے کیسی انگڑائی
زندگی کا خمار ٹوٹ گیا

چشمِ رحمت کو تھا جس کا انتظار آہی گیا
لے کے تیرے در پہ ترا اُمیدوار آہی گیا

اوّل اوّل گو تھیں اس کی جان لیوا تلخیاں
آخر آخر کام صبرِ ناگوار آہی گیا

لاکھ پردہ ڈالنا چاہا غبارِ راہ نے
آئینہ در آئینہ آئینہ دار آہی گیا

روکتی کیا راستہ پھر بندشِ رسم و رواج
جس پہ آنا تھا یہ دل بے اختیار آہی گیا

ٹال سکتا ہے منوّر کون قسمت کا لکھا
آشیانہ پیشِ برقِ شعلہ بار آہی گیا

جذبۂ ناکام کام آہی گیا
کچھ نہ کچھ اُن کا پیام آہی گیا

اپنا جذبہ گو برائے نام تھا
اپنے سر پہ اہتمام آہی گیا

جب خموشی کی مدد لینی پڑی
گفتگو میں وہ مقام آہی گیا

چشمِ ساقی کام اپنا کر گئی
اعتبارِ دورِ جام آہی گیا

اے منوّر دیکھ اُن کے ہاتھ میں
تیری قسمت کا بھی جام آہی گیا

۳۲

فرشتے تو کیا ہیں کسی نے نہ جانا
خدا کو اگر آدمی نے نہ جانا

مری آگہی کا ٹھکانا کہاں ہے
کسی صاحبِ آگہی نے نہ جانا

ملی ایک دنیا کو بُو اس کی لیکن
بنی پھول کیسے کلی نے نہ جانا

ترا رنگ کیا ہے ترا روپ کیا ہے
کسی نے نہ دیکھا کسی نے نہ جانا

نہ جانے کہاں چل پڑے میکدے سے
منوّر کے ہمراہ پینے نہ جانا

یہی ہے دل کے تقاضوں کا ختم ہو جانا
کسی کا خواب ہے بیدار رہ کے سو جانا

مری فنا میں ہے دریا کی آرزو مضمر
تم اپنے ہاتھ سے کشتی مری ڈبو جانا

گہر کی آب تو پائی مگر گہر نہ بنا
مآلِ قطرۂ شبنم یہ آ کے رو جانا

نہیں محال تجھے زندگی میں پا لینا
مگر ہے شرط تری جستجو میں کھو جانا

ذرا سنبھل کے منوّر ہے مرحلہ نازک
خودی کے جوش میں آ کر خدا نہ ہو جانا

سرِ خوددار کو خم کر کے نہ رسوا کرنا
ہر جبیں کے لیے جائز نہیں سجدہ کرنا

اے قلم کار تجھی پر جو تصدق ہو جائے
شکل ایسی کوئی تصویر سے پیدا کرنا

عمر درکار ہے اک کاوشِ پیہم کے لئے
نہیں آسان کسی شے کی تمنّا کرنا

اب نہ تکلیف کریں چارہ گروں سے کہہ دو
موت ہو جس کی دوا اُس کی دوا کیا کرنا

تم پہ رکھے نہ کوئی دل شکنی کا الزام
بھول کر بھی نہ منوّر کبھی ایسا کرنا

۳۳

نہ مانگوں کچھ کبھی تجھ سے یہ مجھ سے ہو نہیں سکتا
نہ ہوں میں ملتجی تجھ سے یہ مجھ سے ہو نہیں سکتا

خطا ہے تیرے فکر و فکر سے مطالب کچھ رکھنا
کروں بے گانگی تجھ سے یہ مجھ سے ہو نہیں سکتا

ترے قدموں سے کھینچ کر کیا مجھے برباد ہونا ہے
کروں میں خود سری تجھ سے یہ مجھ سے ہو نہیں سکتا

بڑی سنجیدگی سے بندگی میں محو رہتا ہوں
کروں میں دل لگی تجھ سے یہ مجھ سے ہو نہیں سکتا

منور ہوں ادھر میں اور ادھر تو نور کا مخزن
نہ لوں میں روشنی تجھ سے یہ مجھ سے ہو نہیں سکتا

ماجرائے سینۂ صد چاک کہنا ہی پڑا
آخر اپنا قصۂ غم ناک کہنا ہی پڑا

اور کیا اس کے سوا تھا چارۂ درماندگی
بے خودی کو مقصدِ ادراک کہنا ہی پڑا

ایک حسنِ آرزو سے بن گئے سو لالہ زار
خاکِ دل کو بھی چمن کی خاک کہنا ہی پڑا

اتنی ہم دونوں میں تھیں وحشت کی قدریں مشترک
چاکِ گل کو بھی خود اپنا چاک کہنا ہی پڑا

کھائے ہیں چرکے پہ چرکے کچھ منور اس قدر
دلبری کو شیوۂ سفاک کہنا ہی پڑا

بلند اتنی زمینِ سجدہ گہ کی خاک کر دینا
جبینِ عجز کو ہم رتبۂ افلاک کر دینا

جنوں میں اور بھی ہو جائیں گی رنگینیاں پیدا
بہار آتے ہی دامانِ گلستاں چاک کر دینا

کوئی لینے چلا ہے آنسوؤں سے جائزہ دل کا
کہیں سیراب اُسے دیدۂ نم ناک کر دینا

کہاں کا کھیل ہے یہ اے طلسمِ دہر کے بانی
کسی نافہم کو برگشتۂ ادراک کر دینا

منور کیوں انا کو کشمکش کی مفت زحمت ہو
خود اپنے ہاتھ سے دامانِ ہستی چاک کر دینا

۳۴

دل مرا پائمال کیا ہو گا　　اور اب غیر حال کیا ہو گا
ناخوشی ہی میں ہو خوشی جس کی　　اُس سے کوئی ملال کیا ہو گا
سامنے تیرے ایک دنیا ہے　　تجھ کو میرا خیال کیا ہو گا
دل میں لاکھوں جواب آتے ہیں　　جانے اُن کا سوال کیا ہو گا
کہیں پرسش نہیں منوّر کی　　اور خونِ کمال کیا ہو گا

اس طرح عشق کا آزار نہ جی کو ہو گا　　جو مجھے دُکھ ہے، وہ شاید نہ کسی کو ہو گا
مستیاں بڑھ کے مری خود ہی بلائیں لیں گی　　اوج حاصل وہ مری بادہ کشی کو ہو گا
میں محبّت کے مسائل کو سمجھ سکتا ہوں　　سامنے میرے یہ دعویٰ نہ کسی کو ہو گا
عشق کا گردِ کثافت سے تعلّق کیا ہے　　جس کا دل پاک ہے یہ روگ اُسی کو ہو گا
مرے اشعار میں کیا کیا ہیں منوّر نکتے　　اس کا اندازہ کسی مردِ دلی کو ہو گا

اسیرِ زلفِ پُرخم ہی رہے گا　　یہ دل لذّت کشِ غم ہی رہے گا
ترے دامن پہ یا میری مژہ پر　　سرشکِ خوں کہیں جم ہی رہے گا
کسی رُخ سے بھی برپا ہو تغیّر　　یہ عالم پھر بھی عالم ہی رہے گا
لگائے جاؤ تم ٹھوکر پہ ٹھوکر　　یہ سر سجدے میں باخم ہی رہے گا
منوّر اشکِ غم سے دامنِ دل　　بہ رنگِ ابرِ پُرنم ہی رہے گا

۳۵

حجاب پھر بھی ہے باقی اُٹھی ہے گرچہ نقاب
ٹھہر گئی ہے کہاں جا کے چشمِ استعجاب؟

یہ مے کشی کسے کہیں دستور کیا کوئی سمجھے
غلط کہ رندِ خرابات کا چلن ہے خراب

اب اس تعلقِ خاطر پہ تبصرہ کیا ہو
نگاہِ دوست ہے مخمور میں پیے ہوں شراب

قبول - پھر بھی یہ کتنی ستم ظریفی ہے
کسی کی پردہ دری اور آئے مجھ کو حجاب

منورؔ اب تو معمّے یہ ہوں گے موت سے حل
کسی سوال کا پایا نہ زندگی میں جواب

غافل تھا فرض سے دلِ آئینہ دار کب؟
آئی نظر نہ صورتِ انجامِ کار کب؟

مجھ کو خبر بھی ہو نہ سکی کچھ دمِ سوال
مایوس ہو گیا دلِ اُمّیدوار کب؟

اب کس لئے اُٹھایئے دونوں جہاں سے ہاتھ
دل تھا نہ آرزوؤں کا سرمایہ دار کب؟

اب اس کو اور طول دیا جا رہا ہے کیوں؟
کوتاہ تھا یہ سلسلۂ روزگار کب؟

اِس فصل میں بھی جب نہ منورؔ شراب پی
توڑیں گے آپ توبہ پرہیزگار کب؟

میں نہیں جفا طلب تم نہیں وفا طلب
حسن و عشق میں نہیں کوئی مدّعا طلب

یہ مری سرشت ہے یہ مری بہشت ہے
کس نے تم سے کہہ دیا میں نہیں فنا طلب

ہے اسی پہ منحصر کائناتِ دل مری
میری ابتدا طلب میری انتہا طلب

اپنے حق کے واسطے التجائیں کس لئے
کیوں کسی سے کچھ کروں صورتِ گدا طلب

اے منورؔ آکے خود وہ کرے مرا علاج
چارہ گر سے جا کے میں کیوں کروں دوا طلب

۳۶

قبول خاک نے مجھ کو کیا خراب بہت
مجھے وجود سے اپنے ہے اضطراب بہت

شکستِ سلسلۂ راز کوئی سہل نہیں
کہ ہر حجاب میں ہیں اور بھی حجاب بہت

کسی جدید تغیّر کا میں اثر کیا لوں
اس ایک عمر میں دیکھے ہیں انقلاب بہت

مری تشفیِ خاطر جو ہو تو بات ہے کچھ
مرے سوال کے ہونے کو ہیں جواب بہت

کسی لحاظ سے بھی بن سکا نہ کام اس کا
شکست میں تو منوّرؔ ہے کامیاب بہت

کرو نہ اپنی اداؤں پہ تم غرور بہت
مری غیور طبیعت بھی ہے غیور بہت

حضور اس کا سبب کیا ہے؟ یہ تو مان لیا
مری خطائیں بہت ہیں مگر قصور بہت

یہ اور بات ہے میں آج تک نہیں بہکا
مگر شرابِ محبت میں ہے سرور بہت

خبر کسی کو نہیں میرے دل پہ کیا بیتی
اگرچہ عام ہے ذکرِ کلیم و طور بہت

یہ اعتدال منوّرؔ مجھے گوارا ہے
نہ تیرگی ہی بہت ہے نہ دل میں نور بہت

خامشی بر وقت کام آئی بہت
ہو گئی تھی پست گویائی بہت

اب یہیں آباد ہونا چاہیے
دل نشیں ہے کنجِ تنہائی بہت

تم جو ملتے ہو تو کچھ کھنچتے ہوئے
دل شکن ہے یہ شناسائی بہت

پتّی پتّی میں ہے ناخن کی خراش
غنچے غنچے میں ہے رعنائی بہت

اے منوّرؔ! بکے فکرِ سخن
ہو چکی اب خامہ فرسائی بہت

۳۷

نہیں اتنی تاجِ سکندر کی قیمت — ہے جتنی مری ایک ٹھوکر کی قیمت
عبث ہیں یہ سب قدردانی کے دعوے — کوئی دے بھی سکتا ہے جوہر کی قیمت
ہوئی دل کی وقعت سوا آنسوؤں سے — بڑھا دیتے ہیں موتی سمندر کی قیمت
مقابل مقابل کو پہچانتا ہے — لگائے خذف خاک گوہر کی قیمت
نہیں قدر معلوم دنیا کو اس کی — منور سے پوچھو منور کی قیمت

مجھ سے کوئی کرے تو کرے آج کل کی بات — روزِ ازل کی بات ہے روزِ ازل کی بات
شاید مری زبان بھی ہے دل کی ہم نوا — یعنی کبھی سکوں کی کبھی ہے خلل کی بات
کیوں میری بے بسی کو بناتے ہو جاں گسل — میرے ہی سامنے مرے بازوئے شل کی بات
ماضی کا آئینہ بنے نگاہوں کے سامنے — برسوں کے واقعات بھی ہیں آج کل کی بات
یہ بات دوسروں کو منور کہاں نصیب — ہے بات قاعدے کی تمہاری غزل کی بات

سادگی ٹھیک بانکپن ہے درست — دلربائی کا ہر چلن ہے درست
آپ تردید کچھ تو فرمائیں — ورنہ میرا سخن سخن ہے درست
دشتِ غربت میں لا کے چھوڑ دیا — غم ہے پھر بھی وطن ہے درست
میں نے دنیا کو آزمایا ہے — اس پہ الزام مکر و فن ہے درست
ہے منور کا ایک خاص مقام — کتنی ترتیبِ انجمن ہے درست

۳۸

کرتا ہوں شکوۂ ستمِ روزگار آج
دل پر نہیں ذرا بھی مجھے اختیار آج

کل پھر شبِ فراق کہیں طعنہ زن نہ ہو
تو پھونک دے ہمیں نفسِ شعلہ بار آج

شاید گلوں پہ رازِ چمن فاش ہو گیا
آتی ہے کیوں ہنسی انھیں بیگانہ وار آج

روزِ جزا کا ہو جو کوئی منتظر تو ہو
ورنہ کھلی ہیں خلد کی راہیں ہزار آج

کل اے منورؔ اس کو کہیں کھو نہ بیٹھنا
اہلِ جہاں کو تم پہ جو ہے اعتبار آج

آجاؤ تم بہار بداماں کسی طرح
کھل جائے دل برنگِ گلستاں کسی طرح

اک اک نفس ہو کیفیتِ نغمگی میں غرق
اُمڈے نشاطِ روح کا طوفاں کسی طرح

جس پر پڑا نہ ہو کبھی پردہ نگاہ کا
رقصاں ہو وہ تجلّیٔ عریاں کسی طرح

پائے جنوں تجھی پہ ہے شرم اس کی منحصر
اُڑنے نہ پائے خاکِ بیاباں کسی طرح

بن جائے سوزِ عشق منورؔ ریاضِ خلد
ہو جائے گل یہ آتشِ پنہاں کسی طرح

ہر ایک رسم کی ملّت کی توڑ دی ہیں قیود
نہیں نہیں کہیں میری نظر نہیں محدود

نہ ہے نشستِ مصلّیٰ نہ گردشِ تسبیح
نہ میں رکوع میں شامل نہ میں شریکِ سجود

مری نظر سے بچھا ہے تمام بسترِ خاک
مری نظر سے ہے پیدا تمام چرخِ کبود

منافقوں کا بھی حامی ہوں دوستوں کا بھی دوست
کھلی ہے میرے لئے ہر طرف رہِ بہبود

مرا مآل منورؔ نہ جانے کیا ہو گا
نہ ہندوام نہ مسلماں نہ کافرم نہ یہود

۳۹

چلے گا جام کسی کا نہ اس کے جام کے بعد
پیئے گا کون منوّر سے تشنہ کام کے بعد

جو راز تھا مری آوارگی پہ افشا تھا
طلسم بن گئی دنیا مرے قیام کے بعد

کیا ہے خونِ تمنّا نے سرخرو کیا کیا
تمام کام ہوا عرضِ نا تمام کے بعد

جو بے طلب مجھے بخشا تھا مانگنے پہ بھی دے
کریم! بخل یہ کیسا ہے لطفِ عام کے بعد

ہزار حیف منوّر کی تیرہ بختی پر
فضول سا ہے تخلص یہ اس کے نام کے بعد

تا کجا پاؤں میں زنجیرِ گراں یہ آخر
تا کجا سلسلۂ عمرِ رواں یہ آخر

تا کجا فکرِ کم و بیش میں بربادیِ عمر
تا کجا مسئلۂ سود و زیاں یہ آخر

تا کجا ہستیِ بے بود میں یہ طولِ امل
تا کجا خواہشِ اسبابِ جہاں یہ آخر

تا کجا یہ چمن آرائیِ جذباتِ خسیس
تا کجا تازگیِ فکر و بیاں یہ آخر

تا کجا تم کو گوارا یہ منوّر توہین
تا کجا بہرِ طلب حسنِ زباں یہ آخر

شروعِ شغل میں کیوں ہو ختمِ جام کا ذکر
ابھی تو صبح ہوئی ہے ابھی سے شام کا ذکر

ابھر رہا ہے مرے دل میں رشک کا جذبہ
یہ میرے سامنے ہے کس کے لطفِ عام کا ذکر

رگوں میں خون قیامت کا دوڑ جاتا ہے
عجیب فکر ہے صہبائے لالہ فام کا ذکر

طریقِ عشق کی توہین اس سے ہوتی ہے
کرو نہ بھول کے بھی مجھ سے ننگ و نام کا ذکر

مرا فروغ منوّر ہے سب اسی کے طفیل
یہ کیوں ہے ذکر مرا، ہو مرے کلام کا ذکر

۴۰

ہوا اس سے بڑھ کے ستم کیا کوئی گوارا اور
نظر ہے اور نظر کے لئے نظارا اور

خود آئینہ بھی نہ ان جوہروں پہ کھو جائے
اب آئینے سے نہ جوہر ہوں آشکارا اور

ستم تھا خواہ کرم آرزو رہی تشنہ
کہا کسی نے جو "بس" دل مرا پکارا "اور"

زمانے والو! مناسب نہیں کہ مجھ کو سنو
مرا مذاقِ سخن اور ہے تمھارا اور

ابھی نگاہِ منوّر ہے تشنۂ دیدار
ذرا تو بہرِ خدا آپ ہوں خود آرا اور

تم سے مرے کلام کا تھا مدعا کچھ اور
کہنا تھا اور کچھ مجھے میں کہہ گیا کچھ اور

آنکھوں کو جو ملی ہے سزا دل کو کیوں ملے
ان کا قصور اور تھا اس کی خطا کچھ اور

شاید حجابِ شوق سلامت نہیں رہا
آتی ہے میرے بربطِ دل سے صدا کچھ اور

مشکل مآلِ کار بنے بھی تو کیسے بنے
میری رضا کچھ اور ہے تیری رضا کچھ اور

مانا کہ ضبط اس پہ منوّر ابھی تو ہے
بدلے گا پھر بھی رنگِ دلِ مبتلا کچھ اور

ہے آپ کے بیمار کو جینے کی ہوس اور
کیا حرج ہے بڑھ جائیں جو دو چار نفس اور

محفوظ رہے راہِ سفر تا حدِ منزل
تھوڑی سی اگر ہو جو دور رس آوازِ جرس اور

اب تک تو ہر اک زمزمہ اندوہ رُبا تھا
دیتا ہے صدا کچھ مگر اب سازِ نفس اور

ساقی کی نگاہیں تھیں تو اے ابرِ کرم دیکھ
اتنے ہی پہ بس کیوں ہے ابھی کچھ تو برس اور

بتیس ۳۲[۱] برس عمر کے گزرے ہیں منوّر
ہم کیا کہیں جینا ہے ابھی کتنے برس اور

۱۔ یہ غزل بتیس سال کی عمر میں کہی گئی تھی۔

یہ ہنگامہ طرازی کس لئے حسن آفریں ہو کر
کیا کیوں اپنا پردہ فاش خود پردہ نشیں ہو کر

کسی کے سنگِ در پہ جھکنے پہ جبیں کو ناز ہے اتنا
نیاز آگیں اسے ہونا تھا سجدے کی زمیں ہو کر

دکھائیں وسعتیں اپنی عیاں کیں رفعتیں اپنی
کہیں فرشِ زمیں ہو کر کہیں عرشِ بریں ہو کر

یہ کیوں شورش فزا پہلو ہے آخر تیری ہستی کا
چھیڑا رہتا ہے ہر اک رشتۂ کفر و دیں ہو کر

منورؔ آئینہ ہر شکل سے حسنِ معانی ہو
نظر سوا نہ ہو میری نگاہِ غیب بیں ہو کر

گو کہ ہے بازگشت کا انداز
زندگی کیا ہے موت کی آواز

آپ محجوب ہو نہ جائیں کہیں
میں تو کر دوں گا چاک پردۂ راز

سننے والا بھی ہے کہیں کوئی
دے رہا ہوں یہ کس کو میں آواز

آپ کے راستے میں چھپا ہے
دل ہے میرا کہ فرشِ پا انداز

اے منورؔ یہ اپنا ایماں تھا
مے کشی سے کبھی نہ آئے باز

پے بہ پے دورِ ساغرِ صہبا بریز
پیاس بجھ کر اور ہو جاتی ہے تیز

دیکھئے ہوتی ہے اب کس کو شکست
ہوں خود اپنے دل سے میں محوِ ستیز

اک نہ اک فتنے سے ہر دم سامنا
زندگی ہے کس قدر ہنگامہ خیز

کی ہے ایسی ہی روش اب اختیار
کر رہا ہوں ہر دو عالم سے گریز

ہو منورؔ پرسشِ احوالِ دل
ورنہ دھڑکن اور بڑھ جائے گی تیز

ادائے کفر (مجموعہ کلام) منور لکھنوی

۴۲

غم سے بے حد مجھے خوشی ہے عزیز
غم تو دنیا و زندگی ہے عزیز

آگہی ہو تو صرف غم سے ہو
آگہی غم سے، آگہی ہے عزیز

غم ہی مشکل میں ساتھ دیتا ہے
غم ہی درمانِ زندگی ہے عزیز

غم سے انسانیت نکھرتی ہے
غم سے انسان آدمی ہے عزیز

دیکھ لے دیدۂ منورؔ میں
غم سے حاصل جو روشنی ہے عزیز

ہجومِ رنج و الم میں بھی ہے خوشی کی تلاش
میں کر رہا ہوں اندھیرے میں روشنی کی تلاش

سمجھ میں کچھ نہیں آتا یہ کیا معمہ ہے
کہ زندگی کو ہے ایک اور زندگی کی تلاش

میں اپنے تجربۂ بازیافت کے صدقے
کہ میری گم شدگی میں بھی ہے کسی کی تلاش

جو میرے سامنے رہ کر نظر سے اوجھل ہے
ہے جانِ دل کو بھی اس جانِ زندگی کی تلاش

تمام عمر منورؔ رہی ہے پیشِ نظر
کبھی کسی کی تمنا کبھی کسی کی تلاش

کہتے ہیں وعظِ حضرتِ ناصح کو ہم غلط
پی کر شرابِ ناب کریں کیوں نہ غم غلط

اپنی طرف اٹھے تو یہ سمجھیں کہ ٹھیک ہے
اب تک تو اٹھ رہی ہے نگاہِ کرم غلط

ہم اور اختیار کی توفیق! الاماں
ہے ہم پہ اتہام یہ اے محترم غلط

تقدیر کو تو خود ہی بناتا ہے آدمی
تقدیر سے ہے شکوۂ جور و ستم غلط

بے کار کفر و دیں میں منورؔ ہیں کاوشیں
ناقص طریقِ دیر ہے راہِ حرم غلط

۴۳

پروانہ کے زباں سے ہے وابستہ سوزِ شمع
یہ مر مٹا تو بڑھ گئی شانِ نمودِ شمع

قبل از طلوعِ صبح یہ فیصل نہ ہو سکا
مبحث تھا سب کا مسئلۂ ہست و بودِ شمع

ہاں اے وفورِ جذبۂ پروانہ دیکھ کر
خوں گشتہ کر نہ دے کہیں رنگِ شہودِ شمع

ہٹتا نہیں یہ پردۂ فانوس کیوں کبھی
کھلتا نہیں یہ کس لئے رازِ وجودِ شمع

جانِ مشاعرہ ہے منوّر یہ آج تک
اہلِ سخن سے پوچھئے قدرِ وجودِ شمع

نظر اٹھتی ہے مری تیری نگاہوں کی طرف
دیکھ لیتا ہوں جہاں اپنے گناہوں کی طرف

حشر میں دیکھ کے معصوم نگاہوں کی طرف
دل بھی ہو جائے گا ظالم کے گواہوں کی طرف

دیکھیے کیا نہ غضب ڈھائیں یہ دونوں مل کر
آسمانوں کا بھی رخ ہے مری آہوں کی طرف

دمِ تعزیر نہ میں تشنۂ تعزیر رہوں
اک نظر ہاں مرے ناکردہ گناہوں کی طرف

دولتِ فقر میں ہوتی ہے منوّر وہ کشش
کبھی جائیں نہ گدا بھول کے شاہوں کی طرف

ہوں گل کہ خار سب کی رگوں میں لہو ہے ایک
یعنی تمام سلسلۂ رنگ و بو ہے ایک

یہ امتیاز کس لئے ایمان و کفر میں
الفاظ مختلف ہیں مگر گفتگو ہے ایک

مجھ پر یہ اتہام اضافات کس لئے
میں بھی تو کچھ ہزار نہیں ہوں جو تو ہے ایک

یہ اور بات ہے کہ ہیں عنوان مختلف
گل کاریِ بہارِ جنوں چار سو ہے ایک

کیوں اڑ رہی ہے خاکِ منوّر کی جا بجا
شاید یہی سخنورِ بے آبرو ہے ایک

ادائے کفر (مجموعہ کلام)　　　　منور لکھنوی

۴۴

نہ اُٹھے گی نظر آخر کہاں تک؟
نہ دیکھو گے اِدھر آخر کہاں تک؟

نہیں اچھی یہ مایوسی دُعا کی!
رہے گی بے اثر آخر کہاں تک؟

یہ مانا شور و شر میں زندگی ہے
مگر یہ شور و شر آخر کہاں تک؟

کریں گے کچھ نہ کچھ اُڑنے کی تدبیر
رہیں بے بال و پر آخر کہاں تک؟

منوّرؔ اب تو بیٹھو توڑ کر پاؤں
پھرو گے دربدر آخر کہاں تک؟

بڑھتی رہیں گی اس کی فرمائشیں کہاں تک؟
ملتی رہیں گی دل کو آسائشیں کہاں تک؟

کاشانۂ جہاں ہے یا اک نگار خانہ
جاری رہیں گی اس کی آرائشیں کہاں تک؟

دُنیا تو ہم پہ آخر کھائے گی رحم کب تک
فرصت نہ دیں گی اس کی آلائشیں کہاں تک؟

کہتے ہیں جسم جس کو اک ڈھیر خاک کا ہے
زیبا ہیں ہم کو اس کی زیبائشیں کہاں تک؟

باز آؤ اے منوّرؔ غفلت پرستیوں سے
تم کو کرے گا کوئی فہمائشیں کہاں تک؟

بے کار ہو نہ جائے ترا مانگنا نہ مانگ
کچھ بھی سوائے دُعا کے بوقتِ دُعا نہ مانگ

جس سے ہو متزلزل شانِ عُلوِّ دُعا نہ مانگ
اپنی زباں سے اپنے کیے کا صلہ نہ مانگ

لازم ہے تجھ کو شرطِ اجابت سے آگہی
لے دل سے کام تو یہ زباں سے دُعا نہ مانگ

خودداریِ طریقِ گدا کا زیاں نہ ہو
ہو گامزن کسی سے مگر راستہ نہ مانگ

یہ فیصلہ تجھی پہ منوّرؔ ہے منحصر
میں کیا بتاؤں تجھ سے کہ کیا مانگ کیا نہ مانگ

۴۵

مری ہار یہ آخر مری ہار اوّل
مری زندگی اک شکستِ مسلسل

مری روح کو بھی جھلس کر نہ رکھ دے
مرے سینے پا دل ہے یا دنیا کی ہلچل

بس اب اس کے آگے زباں کون کھولے
نوشتۂ مقدر ترا قولِ فیصل

مرے صبر کی آزمائش کہاں تک؟
مری مشکلوں کا نہیں کیا کوئی حل؟

منوّر تمہارا مقابل ہو کیوں کر
نہ وہ تم سے فائق نہ وہ تم سے افضل

تو میرے ہر راز سے محرم
پھر بھی مجھ سے واقف کم کم

سب کے لب پر تیرا نغمہ
سب کے ہاتھ میں تیرا پرچم

تجھ میں گنگا تجھ میں جمنا
تو ہی تروینی کا سنگم

اور نہیں کچھ خواہش میری
دے دے بخشش میں اپنا غم

موت آئی کس وقت منوّر
ہر گھر میں ہے تیرا ماتم

مانوس ہو گئے ہیں ستم پیشگی سے ہم
اب کیا کریں گے کرم کا تقاضا کسی سے ہم

اس سے تو اپنے حق میں اندھیرا ہی خوب تھا
بے نور ہو گئے ہیں نئی روشنی سے ہم

آخر سرِ نیاز جھکائیں تو کس طرح
ناآشنا ہیں رسمِ رہِ بندگی سے ہم

تسکینِ ذوق کے لئے مغزِ سخن ہے شرط
آسودۂ غزل نہ ہوئے نغمگی سے ہم

حدِ ادب میں رہ کے منوّر ہو گفتگو
مومن کے منہ نہ آئیں سخن گستری سے ہم

۴۶

تیرے ہاتھوں سے جب شراب پیوں
صورتِ رندِ کامیاب پیوں

کوئی ہے بھی سنبھالنے والا
میں تو پینے کو بے حساب پیوں

کیا سے کیا وہ نہ جانے ہو جائے
جس کے ہاتھوں سے میں شراب پیوں

کوئی پانی بھی اس قدر پی لے
جس قدر میں شرابِ ناب پیوں

اے منوّر حریف للچائیں
میں وہ صہبائے انتخاب پیوں

مجھے عظمت نشاں کر دے تو جانوں
مرا پایہ گراں کر دے تو جانوں

مُرادوں کے چمن پیشِ نظر ہوں
قفس کو آشیاں کر دے تو جانوں

ابھی محدُود ہے کچھ جذبۂ غم
اسے تو بیکراں کر دے تو جانوں

مجھے کیا تو اگر فانی نہیں ہے
مجھے بھی جاوداں کر دے تو جانوں

بنا ہوگا منوّر شمع پیکر
مجھے آتش بجاں کر دے تو جانوں

اپنی ہستی کو میں اک راز بنائے رکھوں
خود کو اب ذہن کے گوشوں میں چھپائے رکھوں

نہیں اُمّید کہ شاداب ہو دل کی کھیتی
اوس پڑ جائے تو کیوں آس لگائے رکھوں

مری غیرت کے تقاضے مجھے ٹھکراتے ہیں
دُور ہر در سے جبیں اپنی ہٹائے رکھوں

مری حُرمت نہیں اغیار سے اِتنی برباد
بن پڑے تو اسے اپنوں سے بچائے رکھوں

ہے منوّر یہی آوارگیِ دل کا علاج
اُلجھنوں میں اسے ہر وقت پھنسائے رکھوں

۷۴

پسِ تشہیرِ آئینِ وفا بدلوں تو کیا بدلوں
اب اِس منزل پہ آ کر راستا بدلوں تو کیا بدلوں

نہیں معلوم قسمت اب جو رُخ پلٹے تو کیا پلٹے
شکستِ دل میں اندازِ دعا بدلوں تو کیا بدلوں

کہاں سے لائے گا کوئی مرے احساس کی ندرت
کسی سے میں دلِ درد آشنا بدلوں تو کیا بدلوں

نہیں اچھا نگاہِ دہر میں نامعتبر ہونا
برنگِ گل کبھی اپنی قبا بدلوں تو کیا بدلوں

بسر ہوتی ہے خود میری منورؔ خونِ دل پی کر
چمن زارِ سخن کی میں فضا بدلوں تو کیا بدلوں

جب آئیں تا بہ لب اپنی دعائیں
ہم اُن کا مدعا تک بھول جائیں

وہ سناٹے کے عالم میں کسی سے
مری پچھلے پہر کی التجائیں

کیے جائے کوئی مجبور ہم کو
دیے جائیں کسی کو ہم دعائیں

کرے اقرار کوئی خواہ انکار
وفائیں ہیں بہر صورت وفائیں

منورؔ ہے یہی جینے کا مقصد
کبھی ہم بھی کسی کے کام آئیں

کبھی شرمندۂ چشمِ کرم فرما نہیں سکتیں
مرے حصے میں تیری رحمتیں کیا آ نہیں سکتیں

جنوں کے ناخنوں سے دل کے عقدے کھول لیتا ہوں
خرد کی گتھیاں مجھ کو کبھی اُلجھا نہیں سکتیں

اُمیدیں شوق کا جامہ پہن کر رنگ لاتی ہیں
یہ کلیاں پھول بن جائیں کبھی مرجھا نہیں سکتیں

ابھی کیا وسعتِ ارض و سما کو ناپ سکتی ہیں
ابھی تو آرزوئیں پاؤں بھی پھیلا نہیں سکتیں

منورؔ حوصلہ بڑھتا ہے میرا ان شکستوں سے
مری ناکامیاں ناکامیاں کہلا نہیں سکتیں

۴۸

منظور پھر کسی کا سہارا کروں تو کیوں
احسان ناگوار گوارا کروں تو کیوں

آنکھوں کے سامنے ہے کوئی دوسرا جہاں
ارض و سما کا ان سے نظارا کروں تو کیوں

ہر شخص کے فروغ سے میرا فروغ ہے
اپنا ہی خود بلند ستارا کروں تو کیوں

میری نظر سے خود مری منزل ہے آشکار
میں تیرے گھر کی سمت اشارا کروں تو کیوں

تم پر بھی پھر اٹھے گی منور نگاہِ رشک
بزمِ سخن میں ذکر تمھارا کروں تو کیوں

حسنِ پاک دامن کو خاک میں ملاؤ کیوں
کہکشانِ عظمت کو گردِ رہ بناؤ کیوں

میرا حالِ دل سن کر ہو اگر سراسیمہ
یاد کیوں کرو مجھ کو تم مجھے بلاؤ کیوں

شرم مجھ کو گدائی کی کچھ تو پاسِ خودداری
بند ہو جو سائل پر در وہ کھٹکھٹاؤ کیوں

روشنی کا یہ آئین تم نے کس سے سیکھا ہے
اک چراغ گل کر کے دوسرا جلاؤ کیوں

اس عجیب انساں میں کچھ تو بات دیکھی ہے
دیکھ کر منور کو ورنہ مسکراؤ کیوں

مل گئی آسودگیِ دل ہمیں
اب نہیں اندیشۂ حاصل ہمیں

راہِ منزل سے ہوئے جب آشنا
مل گئی زیرِ قدم منزل ہمیں

انجمن آرائے عالم بس معاف
اپنی دنیا میں نہ کر شامل ہمیں

حال دنیا کی ہی خاطر جب نہیں
ہے عدم کیا خاک مستقبل ہمیں

فکرِ درماں اے منور کس لیے
دردِ دل ہے زیست کا حاصل ہمیں

۴۹

بلا نہ خاک سیہ خانۂ جہاں سے ہمیں
نکال لے کوئی اِس تیرہ خاکداں سے ہمیں

جو مدعا تھا ادا ہو گیا نگاہوں سے
نہ ایک حرف بھی کہنا پڑا زباں سے ہمیں

اثر سے اپنے رُلا دے کہیں نہ دنیا کو
یہ ڈر ہے دردِ محبت کی داستاں سے ہمیں

کہیں سے ہاتھ لگے دولتِ بہارِ جنوں
غرض نہ دشت سے مطلب نہ بوستاں سے ہمیں

وہی ہے صرف منوّر دلیلِ قدرِ کلام
ملے جو دادِ سخن سنجِ نکتہ داں سے ہمیں

ہے اپنی ہی خطا جو نہ اُٹھے نظر کہیں
ممکن نہیں کہ آپ نہ ہوں جلوہ گر کہیں

کرنا پڑے گا دل کو رہِ عجز میں فنا
بے سعی بھی ہوا ہے دُعا میں اثر کہیں

منزل کی جستجو میں اُٹھیں پاؤں دیکھ کر
ہو جائے سدِ راہ نہ گردِ سفر کہیں

وہ مجھ کو دیکھتے ہیں اُنھیں دیکھتا ہوں میں
اُن کی نظر کہیں ہے تو میری نظر کہیں

قانونِ ارتقا کا منوّر ہے یہ عمل
اِس وقت ہم کہیں پہ ہیں تھے پیشتر کہیں

لوں کام غور و فکر سے یا برمحل کہوں
ڈوبوں غزل کے رنگ میں جب میں غزل کہوں

وردِ زبانِ خلق نہ ہو جائے تو سہی
میں دل کی بات آج کہوں خواہ کل کہوں

ہونا بھی اک بلا ہے نہ ہونا بھی اک بلا
کیا چیز ہے حیات میں کس کو اجل کہوں

تقدیس اپنی روح کی جن میں بھری ملے
کیوں ایسے آنسوؤں کو نہ گنگا کا جل کہوں

حیرت میں ڈالتی ہے منوّر تری غزل
جادو قرار دوں میں اسے یا عمل کہوں

۵۰

جبینِ شوق کے تیور بدل ہی جاتے ہیں
کلی کو دیکھ کے بھونرے مچل ہی جاتے ہیں

یہ لغزشوں کا سہارا عجب سہارا ہے
شراب پی کے بھی میکش سنبھل ہی جاتے ہیں

ہزار سعی کے باوصف بیشتر جذبات
حدودِ ضبط کے باہر نکل ہی جاتے ہیں

ہوائیں لاکھ ہیں مائل انھیں بجھانے پر
چراغ دل میں امیدوں کے جل ہی جاتے ہیں

حیات و موت کی اہمیت اے منوّر کیا
کسی طرح سے حوادث یہ ٹل ہی جاتے ہیں

زباں پہ ذکرِ بربادیٔ دل لائے ہی جاتے ہیں
خبر دنیا کو اپنے غم کی پہنچائے ہی جاتے ہیں

خطا کچھ ہو نہ ہو لیکن خطاواری مسلّم ہے
بہر صورت ہمیں مجرم وہ ٹھہرائے ہی جاتے ہیں

ہمیں اب زندگی کی تلخیوں سے کوئی گھبراہٹ
غذائے دل سمجھ کر غم پہ غم کھائے ہی جاتے ہیں

ستم ڈھانے میں شاید کوئی لذت خاص ہوتی ہے
ستم شیوہ ہے جن کا وہ ستم ڈھائے ہی جاتے ہیں

تمہاری خاکِ پا ہر شخص آنکھوں سے لگائے گا
نہ گھبراؤ منوّر وہ کبھی ان آئے ہی جاتے ہیں

مری تشنہ لبی میں میرے کام آتے ہی رہتے ہیں
مری جانب مئے گلگوں کے جام آتے ہی رہتے ہیں

فنا کا کیا اثر مجھ پر بقا کا کیا اثر مجھ پر
طریقِ عشق میں ایسے مقام آتے ہی رہتے ہیں

نہیں معلوم یہ کیسی کشش ہے ان کے دانے میں
گرفتاری کو طائر زیرِ دام آتے ہی رہتے ہیں

سرائے عالمِ امکاں کبھی خالی نہیں رہتی
مسافر آئے دن بہرِ قیام آتے ہی رہتے ہیں

کسی کو میری مدہوشی پہ ناحق بدگمانی ہے
منوّر غش پہ غش مجھ کو مدام آتے ہی رہتے ہیں

۵۱

ہو کے بیگانۂ انجام پہنچ جاتے ہیں
حوصلے تا بہ لبِ بام پہنچ جاتے ہیں

دوڑ پڑتے ہیں فرشتے بھی قدم بوسی کو
ہم جہاں لے کے ترا نام پہنچ جاتے ہیں

بھیجنا ہے کوئی پیغام تو دل سے بھیجو
دل سے بھیجے ہوئے پیغام پہنچ جاتے ہیں

کسی خود کام کی محفل میں پہنچنے والے
کام ہو یا نہ کوئی کام پہنچ جاتے ہیں

اک وہ منزل ہے منوّر کہ جہاں دیر سویر
راہرو خاص ہوں یا عام پہنچ جاتے ہیں

بڑے عجیب مناظر نظر سے گزرے ہیں
جب اہلِ ہوش تری رہگزر سے گزرے ہیں

مسافرانِ رہِ زیست کا شمار کہاں
نہ جانے قافلے کتنے ادھر سے گزرے ہیں

تری تلاش میں دنیا کو چھان ڈالا ہے
تری تلاش میں ہر رہگزر سے گزرے ہیں

میں جانتا ہوں وہی دل کو دل بنا دیں گے
مصیبتوں کے جو طوفان سر سے گزرے ہیں

یہ کہہ رہے ہیں فرشتوں سے میکدے والے
ابھی جنابِ منوّر ادھر سے گزرے ہیں

کیا کریں شورشِ امواج کے مارے چپ ہیں
بول سکتے نہیں دریا کے کنارے چپ ہیں

ان سے اسرار کا پردہ کسی عنواں نہ اٹھا
کہہ دیا کیا یہ نظر نے کہ نظارے چپ ہیں

یوں تو آنکھوں کی کوئی بات نہیں چھپ سکتی
بے زبانی کے تقاضے سے اشارے چپ ہیں

راز کھلتا ہی نہیں کچھ مرے مستقبل کا
گنگ ہے کاتبِ تقدیر ستارے چپ ہیں

حشر سا حشر منوّر یہ بپا کر دیتے
جتنے دیوانے تھے کہنے سے ہمارے چپ ہیں

۵۴

ہم اپنے دل کا ہر مطلب ادا کرنے کو بیٹھے ہیں
لبِ خاموش سے عرضِ تمنا کرنے کو بیٹھے ہیں

تمہارے در پہ دیوانوں نے کیوں آسن جمایا ہے
سمجھ میں کچھ نہیں آتا یہ کیا کرنے کو بیٹھے ہیں

ذرا دیکھے تو کوئی پارسائی بادہ نوشوں کی
میانِ میکدہ یادِ خدا کرنے کو بیٹھے ہیں

کہیں یہ دوست بھی میرے لئے دشمن نہ بن جائیں
نہ جانے میرے حق میں کیا دعا کرنے کو بیٹھے ہیں

منورؔ عاشقی میں جب نہیں مدِ نظر کوئی
ہم آخر جان و دل کس پر فدا کرنے کو بیٹھے ہیں

تعلقات بحدِ نگاہ رکھتے ہیں
کسی کسی سے مگر رسم و راہ رکھتے ہیں

کہاں سے لائیں یہ شائستگی خرد والے
جو اہلِ دل ہیں مذاقِ گناہ رکھتے ہیں

اسی سے قدرِ گراں کی یہ مستحق ہوگی
متاعِ دل کو بحالِ تباہ رکھتے ہیں

ابھی سے ٹھیک نہیں سرمہ در گلو ہونا
ابھی تو ہمتِ فریاد و آہ رکھتے ہیں

کوئی تو لے گا منورؔ دلِ حزیں کی خبر
خمش ہیں پھر بھی لبِ دادخواہ رکھتے ہیں

ہم اسے نعمتِ ہستی کا بدل کہتے ہیں
عشق کو لوگ حماقت سے اجل کہتے ہیں

اکبرآباد ہے قرطاسِ محبت کی زمیں
ہم تو ہر اشک کو اک تاج محل کہتے ہیں

وقت نے آج تلک اس راز کی تشریح نہ کی
نام کس کا ہے ابد کس کو ازل کہتے ہیں

کوئی دیوانہ ہی زنجیر میں رہتا ہے اسیر
عینِ کلفت ہے جسے طولِ امل کہتے ہیں

شاعری ہم کو تو دیتی ہے منورؔ تسکیں
لوگ کیوں اس کو طبیعت کا خلل کہتے ہیں

۵۳

جس نام کے لینے سے اکثر جینے والے جی لیتے ہیں
وہ نام تو ہم بھی جپتے ہیں وہ نام تو ہم بھی لیتے ہیں

بھولے بھٹکے بھی اُن کی نظر جب پڑتی ہے بس اُٹھ جاتی ہے
ہم اُن کی سنانِ مژگاں سے خود زخمِ جگر بھی لیتے ہیں

مرنے کا مزہ بھی حاصل ہے جینے کا مزہ بھی حاصل ہے
مرنے کے لئے مر لیتے ہیں جینے کے لئے جی لیتے ہیں

مے خواروں میں شامل کر کے بدنام ہمیں کیوں کرتے ہو
پینا یہ کہاں کا پینا ہے تھوڑی سی جو ہم پی لیتے ہیں

لازم ہے منوّر خودداری رندوں کے لئے مے خانے میں
حرف آئے نہ جس سے ظرف پہ کچھ ہم جام میں اتنی لیتے ہیں

جب نظر جانبِ اسباب فنا کرتے ہیں
پہلے ہم اپنی طرف دیکھ لیا کرتے ہیں

جن کو ہے طوق و سلاسل کے تقاضوں کا شعور
وہی پابندیٔ آئینِ وفا کرتے ہیں

کاش ہم کو بھی بتا دیں یہ بتانے والے
چوٹ لگتی ہے کوئی دل پہ تو کیا کرتے ہیں

ترجمانی کا وسیلہ تو ہیں در اصل یہ اشک
دل کے مطلب جو ہم آنکھوں سے ادا کرتے ہیں

تہمتِ عشق کہاں اور کہاں یہ معصوم
مفت بدنام منوّر کو کیا کرتے ہیں

غمِ خوباں کے سانچے میں ڈھلے ہیں
شبِ ہجراں کے سائے میں پلے ہیں

ہماری بھی ہو پروانوں میں گنتی
انھیں کی طرح ہم بھی دل جلے ہیں

نہ پوچھو ہم سے ارمانوں کا قصّہ
بتائیں کیا کہاں پھولے پھلے ہیں

بس ان کے بعد جینا ملتوی ہو
کہیں مرنے کے لمحے بھی ٹلے ہیں

نہ ڈالو خاک اشکوں پر منوّر
یہ لختِ دل ہیں نازوں کے پلے ہیں

۵۴

غریقِ بحرِ غم آسودۂ ساحل بھی ہوتے ہیں
رسا تقدیر کے گم گشتۂ منزل بھی ہوتے ہیں

فنا و عشق کا رازِ حقیقی جاننے والے
سراپا غم بھی ہوتے ہیں مجسّم دل بھی ہوتے ہیں

کبھی زیبائشِ صحرا ہے جن کو کام رہتا ہے
وہی جذبے کبھی آرائشِ محفل بھی ہوتے ہیں

زبانِ حال کی اک اک گھڑی ہے جاں گسل کتنی
یہ لمحے شرمسارِ عہدِ مستقبل بھی ہوتے ہیں؟

منوّر کائناتِ کُل کا ہوں اک جزو شاید
سمٹ کر بحر و بر سب میرے آب و گِل بھی ہوتے ہیں

زاویے خاص ہر نگاہ کے ہیں
مختلف پیچ راہ راہ کے ہیں

دیکھ سکتا ہوں دیکھنے کی طرح
لوگ قائل مری نگاہ کے ہیں

یا تو آنکھیں ہی بند ہیں میری
یا وہی سامنے نگاہ کے ہیں

اوج سے اوج پر ہے مرکزِ شوق
حوصلے پست ہر نگاہ کے ہیں

یہ منوّر لہو کے اشک نہیں
کچھ شرر بے کسوں کی آہ کے ہیں

رفتہ رفتہ دُنیا بھر کے رشتے ناتے ٹوٹ رہے ہیں
بیگانوں کا ذکر ہی کیا جب اپنے ہم سے چھوٹ رہے ہیں

اُن کی غیرت کو ہم روئیں یا روئیں اپنی قسمت کو
جن کو بچایا تھا لُٹنے سے اب وہ ہم کو لوٹ رہے ہیں

ساقی تیری لغزشِ پیہم ختم نہ کر دے میخانے کو
کتنے ساغر ٹوٹ چکے ہیں کتنے ساغر ٹوٹ رہے ہیں

ابن الوقتوں کا کیا کہنا ان کی ہمیشہ سے چاندی ہے
پہلے بھی تھا عیش میسّر اب بھی مزے یہ لوٹ رہے ہیں

ترکِ تعلق کی ساعت بھی آج منوّر آ پہنچی ہے
دُنیا ہم سے چھوٹ رہی ہے ہم دنیا سے چھوٹ رہے ہیں

٥٥

رخ تو میری طرف سے پھیرے ہیں
پھر بھی نذرِ نظر وہ میرے ہیں

جس طرف میں نگاہ کرتا ہوں
کچھ اُجالے ہیں کچھ اندھیرے ہیں

آپ کی مسکراہٹوں کے نثار
پھول چاروں طرف بکھیرے ہیں

کروٹیں وقت کی الٹیں کہیے
نہ ہیں شامیں نہ یہ سویرے ہیں

میں ہوں اُن کے سلوک کا کشتہ
جو منوّر عجیب میرے ہیں

ہوں محوِ جستجوئے سکوں انتشار میں
منزل کی ہے تلاش ہجومِ غبار میں

خود اپنے رنگ و بو پہ جسے اعتماد ہو
ایسا کبھی کوئی پھول کھلا ہے بہار میں

سمجھوں گا آسماں تجھے اسی رنگ میں رنگ
چڑھ جائے جو مری نگہِ اعتبار میں

ان سے مرے مذاق کی آسودگی نہیں
کھلنے کو پھول لاکھ کھلے ہیں بہار میں

کیا فکرِ کیف و کم سے منوّر مجھے غرض
اک مست ہوں میں خمکدۂ روزگار میں

نکالتے ہیں خود اپنا تو کام گھاتوں میں
مری طلب کو مگر ٹالتے ہیں باتوں میں

جو چاند ہے متحیّر تو دم بخود تارے
حسین رنگ بھرا ہے کسی نے راتوں میں

مجھے خبر نہیں دنیا پہ کیا گزرتی ہے
میں کھو گیا ہوں خود اپنی ہی وارداتوں میں

خدا کرے کبھی دشمن کو بھی نصیب نہ ہو
جو تیرگی ہے مری زندگی کی راتوں میں

ستم ظریفیٔ احباب دیکھیے تو سہی
مرا شمار منوّر ہے نیک ذاتوں میں

۵۶

جاری ہے کشاکش سی آئینہ و زانو میں
ہے محو کوئی شاید آرائشِ گیسو میں

جب کوئی جنوں پرور منظر نظر آ جائے
دشوار ہے پھر رہنا جذبات کا قابو میں

پرواز کی جرأت ہے ایسے میں کہاں ممکن
جب دل میں نہیں ہمت جب دم نہیں بازو میں

کیوں نہ ہو بہم دیگر دونوں کو شرف حاصل
وہ پھول ہیں شامل ہیں جو حرف ہیں پہلو میں

کی جب سے منور نے مستی میں غمیا پاشی
اک نور کا عالم ہے میخانۂ اردو میں

زندگی مجھ سے مصر ہے اسے رخصت دوں میں
کیوں نہ پھر اس کی جگہ موت کو دعوت دوں میں

کوتہی دامنِ کونین کی ثابت ہو جائے
اس قدر اپنے خیالات کو وسعت دوں میں

مدتوں دل کی بدولت ہوئی توہینِ ضمیر
اب لازم ہے اسے اذنِ بغاوت دوں میں

جانتا ہوں کہ نہ ہوگی مری حسرت پوری
جان دے کر بھی اگر دادِ محبت دوں میں

وقت کا مجھ سے منور ہے تقاضا یہ شدید
دل کو دنیا کی کشاکش سے فراغت دوں میں

یہ تو میرے لئے مشکل ہے کہ راحت لوں میں
تجھ سے مانگے جو لیے کچھ تو مصیبت لوں میں

تنگ ہے تنگ کشاکش سے گریزاں ہونا
جرم ہے جرم اگر نام فراغت لوں میں

دی گئی ہے جو نگاہِ سبق آموز مجھے
نقشِ موہوم سے بھی درسِ حقیقت لوں میں

مجھے منظور نہیں تجھ سے تقاضا کرنا
تو نہ دے خود ہی تو کیوں دلوِ محبت لوں میں

میرے اشعار گراں قدر ہیں محتاجِ نظر
کیا منور کسی نااہل سے قیمت لوں میں

۵۷

تخیلات سلامت بلند بام ہوں میں
زمیں سے کام مجھے کیا فلک مقام ہوں میں

امینِ حرمتِ مے خانہ جانئے مجھ کو
شراب جس میں چھلکتی نہیں وہ جام ہوں میں

مری فنا کا نہایت بلند رتبہ ہے
چراغِ صبح نہیں آفتابِ شام ہوں میں

دیارِ عشق میں اللہ رے کفر کا پایہ
وہ منزلت ہے کہ مجبورِ احترام ہوں میں

کبھی کبھی تو منوّر گماں یہ ہوتا ہے
کوئی ولی ہوں پیمبر ہوں یا امام ہوں میں

فکر کی کون سی منزل سے گزرتا ہوں میں
اب تو اک شعر بھی کہتے ہوئے ڈرتا ہوں میں

حوصلہ دل کا بڑھاتی ہے عزائم کی شکست
خونِ جذبات سے کچھ اور نکھرتا ہوں میں

کس کے پرتو سے مری روح کو ملتا ہے جمال
کس کی تہذیب کے صدقے میں سنورتا ہوں میں

میرے فن کار طبیعت کا یہ دیکھو تو مذاق
ایک ہی رنگ سے ہر نقش کو بھرتا ہوں میں

ہائے وہ جس سے منوّر مرا جینا ہے محال
ہائے وہ جس کے ہر انداز پہ مرتا ہوں میں

یہ کس فضا میں نامِ خدا جا رہا ہوں میں
مانندِ جبرئیل اُڑا جا رہا ہوں میں

منزل مری کہاں ہے مجھے کچھ خبر نہیں
دریا ہوں اپنی رَو میں بہا جا رہا ہوں میں

پردے سے لاؤں کیا تمھیں باہر نکال کر
اپنی نظر سے آپ چھپا جا رہا ہوں میں

نو واردانِ محفلِ ہستی، خوش آمدید
بیٹھو یہاں تم آ کے اٹھا جا رہا ہوں میں

ناکامیوں کے داغ منوّر لیے ہوئے
مثلِ چراغِ صبح بجھا جا رہا ہوں میں

۵۸

کمالِ ضبط سے مصروفِ سوز و ساز ہوں میں
خموش مثلِ چراغِ نفس گداز ہوں میں

چھپا لیا ہے مجھے میری خود نمائی نے
حجاب جس کا ہے بے پردگی وہ راز ہوں میں

مری نگاہ سے ظاہر ہے کیفیت دل کی
امینِ راز ہوں پھر بھی حریفِ راز ہوں میں

فضول زخمہ و مضراب کا تکلف ہے
جو بے نیازِ حجابات ہے وہ ساز ہوں میں

فرازِ عرش ملائک بھی غرقِ حیرت ہیں
یہ کس ادا سے منور سخن طراز ہوں میں

تخیلات کے گیسو سنوارتا ہوں میں
تأثرات کا چہرہ نکھارتا ہوں میں

رئیسِ خانقہِ دیں کو وہ نصیب کہاں
حضورِ قلب جو نذریں گزارتا ہوں میں

پکارتا ہوں کسی کو مگر نہیں معلوم
وہ کون شخص ہے جس کو پکارتا ہوں میں

حکیم ہوں نہ کوئی فلسفی نہ ہوں شاعر
حقیقتوں کو دلوں میں اتارتا ہوں میں

منور اس کے تقاضے ہزار ہوتے ہیں
مگر یہ سچ ہے بہت دل کو مارتا ہوں میں

بیدار اس خیال سے اب ہو رہا ہوں میں
آنکھیں کھلی ہیں لاکھ مگر سو رہا ہوں میں

شاید مری طرح یہ نہیں واقفِ مآل
گو پھول ہنس رہے ہیں مگر رو رہا ہوں میں

کیا ہو مآلِ سعی مجھے کچھ خبر نہیں
کشتِ عمل میں بیج مگر بو رہا ہوں میں

کرنی کی راہ اور ہے بھرنی کی راہ اور
ہیں داغ دوسروں کے مگر دھو رہا ہوں میں

ہوں کون اب یہ تم کو منور بتائے گا
ہر چند تم سے دور عزیزو! رہا ہوں میں

۵۹

جب تجھے سمٹے ہوئے جلووں کو پھیلاتا ہوں میں
ایک دل میں دو جہاں کی وسعتیں پاتا ہوں میں

جانتا ہوں میں کہ عرضِ شوق ہے توہینِ شوق
پھر بھی عرضِ شوق پر مجبور ہو جاتا ہوں میں

یہ بھی سچ ہے وہم کر دیتا ہے اکثر بدگماں
یہ بھی سچ ہے بارہا تجھ پر یقیں لاتا ہوں میں

مرگ و ہستی باعثِ زحمت نہیں میرے لئے
کھیل ہیں یہ دو دل اپنا جن سے بہلاتا ہوں میں

ہو گئی اپنی طبیعت کس قدر مشکل پسند
سہل گوئی سے منور سخت گھبراتا ہوں میں

آزادِ قید و بندِ زمان و زمیں ہوں میں
بستی سے کام کیا مجھے بالانشیں ہوں میں

تم اپنے دل سے خود ہی مرا حال پوچھ لو
میں کیا بتاؤں کس لئے اندوہگیں ہوں میں

تاکید حاضری کے لئے کیوں یہ بار بار
مجھ کو جہاں بھی یاد کرو تم وہیں ہوں میں

ہر پست ہر بلند کا مجھ سے ظہور ہے
فرشِ زمیں ہوں میں کبھی عرشِ بریں ہوں میں

دہلی سے یہ لگاؤ منور ہے لازمی
مدت سے اس دیار میں عزلت گزیں ہوں میں

خود کو محیطِ کون و مکاں پا رہا ہوں میں
اس آئینے میں صاف نظر آ رہا ہوں میں

اتنے گناہ کر کے ندامت نہ تھی مجھے
جتنا نگاہِ عفو سے شرما رہا ہوں میں

کچھ شورِ اضطراب مجھی پر نہیں تمام
دنیا کو اپنے درد سے تڑپا رہا ہوں میں

از خود مرا وجود میں آنا محال تھا
کس کی خطا تھی اور سزا پا رہا ہوں میں

یہ رقصِ کائنات منور عجب نہیں
خود سازِ دل پہ اپنی غزل گا رہا ہوں میں

ادائے کفر (مجموعہ کلام) — منور لکھنوی

۶۰

لاکھ کعبے لاکھ بت خانے لئے پھرتا ہوں میں
ایک دل میں کتنے کاشانے لئے پھرتا ہوں میں

یاس بھی حسرت بھی حیرت بھی خوشی بھی رشک بھی
اک نظر میں کتنے افسانے لئے پھرتا ہوں میں

سب کی وحشت پوچھ لیتی ہے مزاجِ آگہی
ساتھ اپنے جتنے دیوانے لئے پھرتا ہوں میں

ذرّے ذرّے میں نظر آتا ہے ہستی کا وجود
پیش و پس کتنے ہی میخانے لئے پھرتا ہوں میں

ہے اہم کتنا منوّر وحشتِ دل کا جلوس
اردلی میں کتنے فرزانے لئے پھرتا ہوں میں

ناکامیوں پہ سر بہ گریباں نہیں ہوں میں
جو اُٹھ کے بیٹھ جائے وہ طوفاں نہیں ہوں میں

کیا خاک دل کی آگ جو شعلہ نہ دے سکے
جذباتِ مشتعل سے پشیماں نہیں ہوں میں

ہو مجھ سے آدمی کی خوشامد خدا کی شان
جس کا ہو یہ شعار وہ انساں نہیں ہوں میں

میری شگفتگی کا بھی آئے گا ایک وقت
مہکے نہ جو کبھی وہ گلستاں نہیں ہوں میں

کٹ کٹ کے گر رہا ہے منوّر جگر مرا
بزمِ سخن میں آج غزل خواں نہیں ہوں میں

تُو بھی اگر کہے تو جھکاؤں نہ سر کو میں
سجدے سے شرمسار کروں تیرے در کو میں؟

منزل کی سمت اُف رے مری تیز گامیاں
پیچھے نہ چھوڑ جاؤں کہیں راہبر کو میں

احسان بجلیوں کا گوارا نہیں مجھے
خود ہی لگاؤں آگ نہ کیوں بال و پر کو میں

یہ شکل ہے تو کیوں ہو مجھے گھر کی احتیاج
پھرتا ہوں اپنے ساتھ لئے بام و در کو میں

انجام ہو بخیر منوّر تو کیا عجب
آگاہ کر چکا ہوں دلِ بے خبر کو میں

٦١

اعتبارِ نگہِ شوق اُٹھا بیٹھا ہوں
اب ترے در پہ توکّل بہ خدا بیٹھا ہوں

مجھے برباد جو کرنا ہو تو کر لو برباد
راہ میں صورتِ نقشِ کفِ پا بیٹھا ہوں

جانتا ہوں کہ نہیں کوئی وفا کی اُمید
پھر بھی اُس در پہ بہ اُمیدِ وفا بیٹھا ہوں

مجھے معلوم ہے ہر موجِ نفس کا انداز
جانتا ہوں سرِ گردابِ فنا بیٹھا ہوں

ہاتھ کھینچے ہوئے دُنیا سے منوّر اپنا
پاؤں توڑے ہوئے مصروفِ دُعا بیٹھا ہوں

بتاؤں کیا کہ غرض کیا سفر میں رکھتا ہوں
یہی بہت ہے کہ منزل نظر میں رکھتا ہوں

مری حیات کا میری بقا کا ضامن ہے
وہ ایک درد جو پیہم جگر میں رکھتا ہوں

مری روش سے سمجھ لے نہ کوئی غیر مجھے
سنبھل کے پاؤں خود اپنے ہی گھر میں رکھتا ہوں

ابھی سلیقۂ تعمیر خام ہے شاید
ابھی یقین میں دیوار و در میں رکھتا ہوں

نگاہ میں ہے منوّر ہر اک نشیب و فراز
سنبھل سنبھل کے قدم رہگزر میں رکھتا ہوں

ہائے کس کا ہدفِ نُور ہوا جاتا ہوں
خود ہی میں برقِ سرِ طُور ہوا جاتا ہوں

آپ مغموم مجھے دیکھ کے مغموم نہ ہوں
لیجئے لیجئے مسرُور ہوا جاتا ہوں

نقشِ موہوم یہ کیوں کھنچ کے ہوئے جاتے ہیں
میں تصوّر سے بھی معذور ہوا جاتا ہوں

مرتبہ اور کوئی بھی نہیں شایاں مجھ کو
منصبِ عشق پہ مامُور ہوا جاتا ہوں

اتنی مستی کا منوّر ہے کہاں سے یہ اُبھار
بے پئے مے کشِ مخمُور ہوا جاتا ہوں

٦٢

کیا سحر ہے، اعجاز ہے، میں جھُوم رہا ہوں | تُو مستِ مئے ناز ہے میں جھُوم رہا ہوں
یہ کس کے ترنّم میں ہے مستیِ مئے ناب | دل گوش بر آواز ہے میں جھُوم رہا ہوں
مے خانے کے اسرار چھپائے نہیں چھپتے | مستی مری غمّاز ہے میں جھُوم رہا ہوں
ہر ذرّہ مرے ساتھ ہے اس رقص میں شامل | دُنیا نظر انداز ہے میں جھُوم رہا ہوں
کچھ بس نہیں ظالم کی ترنگوں سے منوّر | دل شعبدہ پرداز ہے میں جھُوم رہا ہوں

کہاں عرضِ تمنّا کر رہا ہوں | لبِ خاموش کو گویا کر رہا ہوں
تمھیں معلوم بھی ہے اے رہِ وحشت | یہ میں کیوں خود کو رسوا کر رہا ہوں
کہیں ہے بھی کوئی میرا مخاطب | میں کس سے ذکر اپنا کر رہا ہوں
نہ کر اے چارہ گر بیکار زحمت | میں خود اپنا مداوا کر رہا ہوں
منوّر خودکشی پر ہو کے مائل | علاج اپنا میں اچھا کر رہا ہوں

مستوں کو قدسیوں کا اعزاز دے رہا ہوں | مرغِ نظر کو بالِ پرواز دے رہا ہوں
پڑھتے ہیں پڑھنے والے کچھ تو جواب آخر | تجھ کو نہ جانے کب سے آواز دے رہا ہوں
کرتا ہوں ساز سے میں تاثیرِ سوز پیدا | نغمے کو بھی فغاں کے انداز دے رہا ہوں
اے مطربِ حقیقت ہو کچھ تو کیف ساماں | تُو چھیڑ راگ اپنا میں ساز دے رہا ہوں
بھرتا ہوں اے منوّر گلگونۂ معانی | نقشِ سخن کو رنگِ اعجاز دے رہا ہوں

۶۳

سمجھ کے ہر شے کو عکس تیرا تجھے تصور میں لا رہا ہوں
قدم قدم پر میں تو بستہ سرِ عبادت جھکا رہا ہوں

شرف تجھی سے ہے مجھ کو حاصل سمجھ میں تیرا ظہور کامل
ترے ہی جلووں کا جزو بن کر تمام دنیا پہ چھا رہا ہوں

بنا دیا کشتۂ تغافل مٹا دیا مجھ کو بے تامل
جفا سے تو کام لے رہا ہے وفا کا انعام پا رہا ہوں

اگرچہ ہوں سب سے بے تعلق مگر تعلق ہے پھر بھی قائم
خود اپنی ہستی سے غیر ہو کر میں تجھ کو اپنا بنا رہا ہوں

کبھی ہو میری نظر سے اوجھل نہیں مٹا سکتے اے منور
وہ جس کو اپنا رفیق و محسن ازل سے میں تو بنا رہا ہوں

لبوں پر اپنے فریادِ تمنا لے کے آیا ہوں
جو ٹکڑے ہو چکا ہے وہ کلیجا لے کے آیا ہوں

مرے ننھے سے دل میں اور کوئی رہ نہیں سکتا
ترے رہنے کو اک چھوٹی سی دنیا لے کے آیا ہوں

نہیں معلوم تیرے سامنے لب کھل بھی سکتے ہیں
کہ دل میں جرأتِ عرضِ تمنا لے کے آیا ہوں

اُمیدیں یاس حسرت غم بھری آنکھوں میں ہے کیا کچھ
اجالا لے کے آیا ہوں اندھیرا لے کے آیا ہوں

مجھے تاریکیوں میں بھی منور لوگ پائیں گے
وہ صورت لے کے آیا ہوں وہ نقشا لے کے آیا ہوں

فسانے جس سے رنگیں ہوں وہ عنواں لے کے چلتا ہوں
تصور میں گلستاں ہی گلستاں لے کے چلتا ہوں

رہا کرتی ہے گردش اردلی میں گردِ رہ بن کر
میں اپنی پشت پر نیرنگِ دوراں لے کے چلتا ہوں

میں جب چلتا ہوں تشریحِ گلستاں کے ارادے سے
لبوں پر شوخیٔ گلہائے خنداں لے کے چلتا ہوں

معاف اے کاربردازانِ محشر تم ذرا ٹھہرو
میں اپنے ساتھ اپنی فردِ عصیاں لے کے چلتا ہوں

منور کیا کروں مجبور ہوں میں اپنی فطرت سے
کہیں چلتا ہوں میں جب نامِ زلفاں لے کے چلتا ہوں

۶۴

ترے بجائے اسی کو خدا سمجھتا ہوں
ترے کرم کو میں تجھ سے سوا سمجھتا ہوں

نفس نفس ہے مرا اس کتاب کی تشریح
میں کیا بتاؤں کہ دُنیا کو کیا سمجھتا ہوں

ابھی کچھ اور زمانے کا رنگ بدلے گا
اشارۂ نگہِ فتنہ زا سمجھتا ہوں

قدم قدم پہ دکھاتا ہے سو چراغ مجھے
وہ ایک شوق جسے رہنما سمجھتا ہوں

مرے لئے ہے منوّر وہی مرض میرا
جسے علاجِ دلِ مبتلا سمجھتا ہوں

عظمت کا منزلت کا دوامی نشان ہوں
رہتا تو ہوں زمیں پہ مگر آسمان ہوں

اب فیصلہ اسی پہ ہو میری سرشت کا
کہتے ہیں جس کو جسمِ وفا اس کی جان ہوں

کیوں اس کی اصلیت کا ہو مجھ سے طلب ثبوت
دل داستاں طراز ہے میں ترجمان ہوں

میرے جہانِ شوق کو تم پوچھتے ہو کیا
میں فرطِ اشتیاق سے خود اک جہان ہوں

گو ہے شریکِ جسمِ منوّر زوالِ عمر
میں دل کے واسطے سے ابھی تک جوان ہوں

گیسوئے دوست میں دل اپنا پرو لیتا ہوں
زانوئے حسن پہ سر رکھ کے میں سو لیتا ہوں

خوب ہنستا ہوں میں جس وقت ہنسی آتی ہے
دل اُمڈتا ہے تو جی کھول کے رو لیتا ہوں

آ ہی جاتا ہے کبھی چشمِ نگاریں کو ترس
اپنی پلکوں کو جب اشکوں سے بھگو لیتا ہوں

جذبۂ دل کے تلاطم سے تھپیڑے کھا کر
آپ ہی اپنے سفینے کو ڈبو لیتا ہوں

ہے منوّر یہی دیوانگیِ دل کا علاج
ہرج کیا ہے جو ذرا دیر میں سو لیتا ہوں

۶۵

کوئی بھی کارساز تمہارے سوا نہیں
ہے اور کون تم جو کسی کے خدا نہیں

دُنیا کی عشرتیں ہوں کہ عقبیٰ کی راحتیں
تم پاس ہو اگر تو مرے پاس کیا نہیں

میں چاہتا ہوں کیا یہ بتانا محال ہے
جو چاہتے ہو تم وہ مرا مدعا نہیں

شرطِ وجود روزِ ازل ہو چکی ہے طے
باقی اگر ہو تم تو مجھے بھی فنا نہیں

پینے کے ساتھ ساتھ ہو واعظ سے چھیڑ چھاڑ
ایسے تو مے کشی کا منوّر مزا نہیں

یہ رنگ و بُوئے بہار یہ میرے لئے نہیں
ماحول سازگار یہ میرے لئے نہیں

بھڑکا دیا ہے کیا مرے بختِ سیاہ نے
کیوں ابر بادہ بار یہ میرے لئے نہیں

بیٹھے ہیں کتنے چین سے جو خوش نصیب ہیں
یہ عافیت، قرار یہ میرے لئے نہیں

لے جاؤ گردنوں میں حریفوں کی ڈال دو
گلہائے نَو کا ہار یہ میرے لئے نہیں

میں شغلِ مے کروں بھی منوّر تو کیا کروں
موسم ہی خوشگوار یہ میرے لئے نہیں

منحصر زیست پہ کچھ عشق کا انجام نہیں
سعی مر مر کے جو کی جائے وہ ناکام نہیں

کون تقدیر کے چکر کا نہیں ہے شکوہ طراز
کس کو دُنیا میں غمِ گردشِ ایام نہیں

اہلِ ہمت کا نہیں یاس پرستی مشرب
ترکِ اُمید کا قائل دلِ ناکام نہیں

حسرت اے بخت کہاں کی یہ بیتابیٔ شوق
اُن کے پہلو میں بھی حاصل مجھے آرام نہیں

ہستی و مرگ کے نیرنگ اُسے کیا معلوم
جس کے پہلو میں منوّر دلِ ناکام نہیں

۶۶

رات ہے لمحۂ سکوں دن میں یہ بات ہی نہیں　　جس میں ہوں دن کی الجھنیں رات وہ رات ہی نہیں
یہ جو ہے غم کدۂ دہر اس کا نہیں کچھ اعتبار　　اس کی بقا کا کیا سوال اس کا ثبات ہی نہیں
راہروِ راہِ عشق ہوں حسنِ ازل کی ہے تلاش　　فکرِ نجات کیا کروں شوقِ نجات ہی نہیں
کیسے بتاؤں ہمدمو عشق و وفا کی لذتیں　　چپ ہوں تو کیا کروں کہنے کی بات ہی نہیں
میں ہوں منور اس قدر اپنی روش میں صلح جو　　جس سے کشیدہ ہو کوئی وہ مری ذات ہی نہیں

آپ ہوں گے دلِ مشتاق سے گویا کہ نہیں　　جان ہو گی کبھی تصویر میں پیدا کہ نہیں
دل میں ہوگا کبھی گزر صبر و سکوں کا کہ نہیں　　آئینہ بن کے رہے گا کبھی دریا کہ نہیں
کیا حقیقت ہے تری کیا ہے تقاضائے حیات　　کبھی سوچا بھی ہے یہ بیٹھ کے تنہا کہ نہیں
جسم اور روح کا آپس میں تعلق دیکھو　　ہے یہ اک رشتۂ پیمانہ و صہبا کہ نہیں
سوچتا ہوں میں یہ بارہ کے منور دل میں　　بارِ جکیبت و نظر مجھ سے اٹھے گا کہ نہیں

شگفتگی ترے رخ کی گلِ چمن میں نہیں　　ضیائے حسن تری شمعِ انجمن میں نہیں
بنائے ہیں نشیمن بنانے والوں نے　　مرے لئے کہیں تنکا بھی اک چمن میں نہیں
مرے وجود کے اسرار کوئی کیا سمجھے　　میں انجمن میں ہوں اور پھر بھی انجمن میں نہیں
یہ وقتِ سیر ان آنکھوں کو ہو گیا معلوم　　کہ رنگ و بو کے سوا اور کچھ چمن میں نہیں
یہ ہو رہی ہے منور مرے کلام کی قدر　　مرا مقام کوئی محفلِ سخن میں نہیں

۶۷

مے کدہ میرے لئے جائے تصادم تو نہیں　　لاکھ نشہ ہے مگر ہوش مرے گم تو نہیں
معترض کیوں ہے زمانہ مری بے تابی پر　　خامشی کی ہی ادا ہے یہ تکلم تو نہیں
کیوں سفینہ مری ہستی کا ہو غرقاب فنا　　جزر و مد دل کا ہے دریا کا تلاطم تو نہیں
اب خطا کوش نہ ہوں مجھ کو یہ تنبیہ بھی ہے　　اے خطا پوش یہ کچھ شانِ ترحم تو نہیں
اس کی فریاد کا کیوں تم پہ اثر ہوتا ہے　　اور کوئی ہے منوّر کا خدا تم تو نہیں

رخصت ہوئیں شباب کی ساری نشانیاں　　رنگینیِ جوانیوں کی وہ رنگیں جوانیاں
وہ بارِ حسن میں وہ مرے دل کی پیش کش　　مجھ پر نگاہِ ناز کی وہ حکمرانیاں
وہ شورِ اضطراب کبھی ترکِ صبر پر　　بہرِ سکونِ دل وہ کبھی سرگرانیاں
انگارہ بن کے دل یہ دہکتا تھا رات دن　　شعلہ فشانیاں سی تھیں شعلہ فشانیاں
وہ ندرتِ کلامِ منوّر کہاں گئی　　خواب و خیال اب ہیں مری تر زبانیاں

چھیڑے گا دل کا ساز منوّر کے بعد کون؟　　کھولے گا غم کے راز منوّر کے بعد کون؟
پائے گا داغ ہائے جگر کے فروغ سے　　تمغائے امتیاز منوّر کے بعد کون؟
توڑے گا اک نگاہِ ملامت کی ضرب سے　　نیرنگِ حرص و آز منوّر کے بعد کون؟
پیشِ نگاہِ شوق بنے گا بذوقِ خاص　　گردِ رہِ نیاز منوّر کے بعد کون؟
ہر وقت ہر مقام پہ کھل کر کرے گا نوش　　صہبائے خانہ ساز منوّر کے بعد کون؟

۶۸

تم مرا مدعا مجھے سمجھو
ہمہ تن التجا مجھے سمجھو

یا فنا در بقا مجھے جانو
یا بقا در فنا مجھے سمجھو

اب تمہارے ہی ساتھ رہنا ہے
جادۂ زیرِ پا مجھے سمجھو

اپنی فطرت کا آئینہ ہوں میں
ساغرِ جم نما مجھے سمجھو

میں منور وہی ہوں جو کچھ ہوں
لاکھ تم پارسا مجھے سمجھو

درخورِ جذبہ، سزاوارِ تحسیں بن جاؤ
مرکزِ دائرۂ عشق تمہیں بن جاؤ

آستیں اپنی مرے خون سے رنگیں کر لو
اور بھی میری نگاہوں میں حسیں بن جاؤ

اختیارات مشیت کے لیے جاتے ہیں
مجھے ڈر ہے کہ خدا تم نہ کہیں بن جاؤ

چشمِ کافر کو گماں تم پہ ہو بت خانے کا
دلِ مومن کے لیے کعبۂ دیں بن جاؤ

غیرتِ بادہ منور کا مکانِ دل ہے
آؤ اس خانۂ خالی کے مکیں بن جاؤ

چھپے ہیں ان میں جو اُن جوہروں کو دیکھو تو
نگاہِ غور سے تم پتھروں کو دیکھو تو

خدا پرست ابھی ہیں کچھ خدا فروش بھی ہیں
خدا کے واسطے صورت گروں کو دیکھو تو

یہ حرفِ عقل کے قائل ہیں کس قدر بے باک
خدا سے لگ لیتے ہیں کافروں کو دیکھو تو

بس اک امید ہے جس پر یہ پا رہے ہیں فروغ
جلے بے چراغ ہیں ان کے گھروں کو دیکھو تو

مری رہِ وحشت کو منور یہ مدعیِ شعر
سمجھ رہے ہیں جنوں سحر دل کو دیکھو تو

٦٩

بنتی ہے کس طرح کوئی تقدیر دیکھ لو
ہے شوق تو نتیجۂ تدبیر دیکھ لو

دیکھا ہے چارہ گر کی دعا کا اثر جہاں
تم کچھ مری دعا کی بھی تاثیر دیکھ لو

جلنے پہ میری راکھ ہے کتنی حیات بخش
بنتی ہے کیسے خاک یہ اکسیر دیکھ لو

ہر فرقِ اہلِ دل کا لگ جائے گا پتہ
تم مجھ کو دیکھ لو مری تصویر دیکھ لو

ان کے لئے ہے وحی منور مرا کلام
ہے اہلِ دل میں کیا مری توقیر دیکھ لو

جو ہو دشوار بہت سہل وہ جادہ کر لو
پھر بصد شوق سے منزل کا ارادہ کر لو

ہم تمہیں فرض سے آگاہ کئے جاتے ہیں
عمر کی قدر زیادہ سے زیادہ کر لو

درس جوان سے ملے گا وہ مکمل ہوگا
مے و مینا کو بھی مصرفِ افادہ کر لو

ہم نے مانا کہ ہو تم قائلِ نقشِ عدم تک
پھر بھی منظور نیازِ دلِ سادہ کر لو

اے منور یہ اجازت ہے کہ تقصیر کی حالت
شوق سے عرضِ تمنا کا اعادہ کر لو

کہتے ہیں سب کہ جان کسی پر دیا کرو
تم بھی کسی سے عشق منور کیا کرو

جامِ شراب سے ہے یہ پہلو تہی بجا
توبہ سے بھی گریز کبھی کر لیا کرو

تم کو ابھی سلیقۂ بخیہ گری نہیں
دامن کے ساتھ چاک جگر بھی سیا کرو

چھپ کر یہ شغل کیوں ہے کوئی جرم تو نہیں
پینا جو ہے شراب تو کھل کر پیا کرو

کچھ زندگی کا مقصد و منشا بھی ہو ضرور
جینے کے واسطے نہ منور جیا کرو

ادائے کفر (مجموعہ کلام) منور لکھنوی

۷۰

اس طرح کچھ کاکلِ پیچاں کی آرائش کرو
اک نئے سر سے رُخِ دوراں کی آرائش کرو

ہو نہ ترشح جب پسینے کا جبینِ ناز سے
موتیوں سے رشتۂ مژگاں کی آرائش کرو

اپنی آنکھوں کو بنا دو سلسلہ در سلسلہ
یوں مکمل محفلِ جاناں کی آرائش کرو

سوزِ دل سے ہوں یقین و علم کے روشن چراغ
ان دیوں سے کعبۂ ایماں کی آرائش کرو

ہے منوّر جسم و دل کا کچھ اسی پر انحصار
روح کے ایوان در ایواں کی آرائش کرو

دل کو ممنونِ تمنّا نہ کرو
یہی اچھّا ہے کہ اچھّا نہ کرو

ہم تو ہر چوٹ کو انگیز کریں
تم کوئی بات گوارا نہ کرو

مرگ و ہستی میں کشاکش ہوگی
نغمہ و حُسن کو یک جا نہ کرو

روشنی حد سے زیادہ نہ بڑھے
سامنے میرے اندھیرا نہ کرو

اے منوّر نہ کرو پیشِ عوام
میرے اشعار کو رسوا نہ کرو

کیا عجب ہے جو قبولِ نگہِ ناز نہ ہو
سرخیِ خوں سے جس افسانے کا آغاز نہ ہو

حُسن کی شان یہی ہے کہ ہو آئینہ بدست
خاک غمزہ ہے خود اپنا ہی جو غمّاز نہ ہو

دیکھ کر جس کو ہوئی پائے جنوں میں لغزش
وہ تمھاری ہی نگاہِ غلط انداز نہ ہو

طائرِ شوق جب اُڑنے کے لئے پر کھولے
وسعتِ دہر کبھی کافی پئے پرواز نہ ہو

سازگاری کا شرف آج جسے پانا ہے
اے منوّر وہ مرا طالعِ ناساز نہ ہو

۷۱

بے کار ہے جو عزم کوئی مستقل نہ ہو
آواز ہی وہ کیا ہے جو آوازِ دل نہ ہو

جذبہ ہے ایک ولولۂ موجِ مستعار
جذبہ خلوصِ دل سے اگر متصل نہ ہو

جھکنا ترا یہ اُٹھ کے بہت دل نواز ہے
اے چشمِ اعتبارِ محبت خجل نہ ہو

لازم ہے کچھ گناہ کی عظمت کا پاس بھی
اتنا گناہ کر کے کوئی منفعل نہ ہو

ایذا پسند میں تو منوّر ازل سے ہوں
وہ زخمِ دل ملے جو کبھی مندمل نہ ہو

نادانی سی نادانی ہو بے ہوشی سی ہشیاری ہو
جھپکیں اُس کی آنکھیں کیوں کر خواب ہی جب حسن کو اتنی بیداری ہو

فانی ہے جو فانی شے ہے باقی ہے جو باقی شے ہے
کاغذ پر کیوں نقش بنا ہو صفحۂ دل پہ گلکاری ہو

میری وضع مبارک مجھ کو ڈھنگ تمھارا تم کو مبارک
میں محجوب ہوں اپنے دل سے تم اپنے فعل سے عاری ہو

مرنے سے ڈرنے والا تو پہلے ہی سے مر چکتا ہے
کھیلے ہی کیوں جان پہ آخر جس کو جان بہت پیاری ہو

دیر ہے حاصل کیا ہے منوّر فرض مناسب ابھی تو ہے
کوچ کا وقت آیا جاتا ہے چلنے کی اب تیاری ہو

مر کے جینے کی دوبارہ ہے ضرورت مجھ کو
دے نہ دے وقت پہ دھوکا کہیں ہمّت مجھ کو

کہیں آ جائے نہ اس شے سے مرے ایمان میں ضعف
کہیں منکر نہ بنا دے مری قسمت مجھ کو

آئینہ سامنے لاؤ تو بدل دو رُخ بھی
نہ دکھاؤ مری بگڑی ہوئی صورت مجھ کو

کر لیا اس سے کنارا تو مصیبت کیا ہے
بخش دے گی نہ یہ دنیا کوئی دولت مجھ کو

مرے اشعار منوّر ہیں کہ جلتی ہوئی آگ
خاک کر دے گا مرا رنگِ طبیعت مجھ کو

۷۲

تابِ غم چھین کے مغموم کرو کیوں مجھ کو
تم مرے عزم سے محروم کرو کیوں مجھ کو

ابھی تدبیر سے وابستہ ہے اُمید مری
ابھی تم قائلِ مقسوم کرو کیوں مجھ کو

صفحۂ دہر پہ کچھ بھی نہ رہے گا باقی
صفحۂ دہر سے معدوم کرو کیوں مجھ کو

اور بھی ہیں مری پہچان کی لاکھوں شکلیں
تم کسی نام سے موسوم کرو کیوں مجھ کو

ہوں ہر آئینۂ ہستی کا منورؔ میں جزو
شاملِ پرتوِ موہوم کرو کیوں مجھ کو

وہ حکم ہو کہ نہ کرنا پڑے گلہ مجھ کو
سُنا بھی دے مری قسمت کا فیصلہ مجھ کو

تجھے خود اپنی طرف سے خیال کرنا تھا
سوال کر کے ملا بھی تو کیا ملا مجھ کو

کھُلے ہیں یہ تیری ہی مرضی سے میرے لب ورنہ
سوال کا بھی نہ ہوتا تھا حوصلہ مجھ کو

تمام کام ہی کر دے گی دوریِ منزل
یہ فاصلہ ہے قیامت کا فاصلہ مجھ کو

کسی طرح سے منورؔ ہو اب بخیر انجام
اُبھر لائے نہ میرا معاملہ مجھ کو

خاک جینے کی ہو خوشی مجھ کو
قید ہے قیدِ زندگی مجھ کو

اب کسی بات کا بھی ہوش نہیں
عینِ غفلت ہے آگہی مجھ کو

تم نے اتنا فروغ بخشا ہے
ہے اندھیرا بھی روشنی مجھ کو

مُدعائے دلی نہیں کھُلتا
گفتگو بھی ہے خامشی مجھ کو

اب منورؔ میں بھول بیٹھا ہوں
جو کہانی بھی یاد تھی مجھ کو

۷۳

درد دے اضطراب دے مجھ کو — حسرتِ کامیاب دے مجھ کو
میرے جوہر بھی آشکارا ہوں — آئینہ ہوں میں آب دے مجھ کو
کچھ بھی تیرے سوا نہ دیکھ سکوں — نظرِ انتخاب دے مجھ کو
بھر کے دے جام میں کہ آنکھوں میں — میرے ساقی شراب دے مجھ کو
میں منور رہوں مدام یونہیں — قسمتِ آفتاب دے مجھ کو

نویدِ عیش دے زندہ دلوں کو — بڑھا دے اور بھی کچھ مشکلوں کو
بہم جس میں ہوں پروانہ و شمع — لگا دے آگ ایسی محفلوں کو
کوئی دریا کی موجوں سے یہ کہہ دے — نہ چھیڑیں یا شکستہ ساحلوں کو
یہ کس کی تفرقہ اندازیاں ہیں — کبھی یکجا نہ رکھا دو دلوں کو
منور کو نہیں کچھ موت کا غم — مبارک زندگانی بزدلوں کو

سرمے کی ہے تلاش تمہاری نگاہ کو — آنکھوں سے کیوں لگاؤ مری گردِ راہ کو
تاریخ ماہ و سال ہیں کر لو اسے بھی درج — برسوں کرو گے یاد مرے ہر گناہ کو
کیا کیا حیات و موت سے ہے عرضِ مدعا — دیکھو تو میرے حوصلۂ بے پناہ کو
اس کے بغیر خاک مزہ دے کسی کی یاد — دیتا ہوں میں دعا خلشِ گاہ گاہ کو
کیا خاک آسمان پہ ہوتی رسا کبھی — رستہ کہیں ملا نہ منور کی آہ کو

۷۴

عشق میں جان سے گزرنے کو
اک ہمیں رہ گئے ہیں مرنے کو

میں تمہاری اداؤں کے صدقے
کبھی بگڑو، کبھی سنورنے کو

کون کعبے سے بھی سوا ہے بلند؟
جھک رہا ہوں سلام کرنے کو

دل بکھرنے پہ کیوں یہ مائل ہے
رنگ کس کا ہے یہ نکھرنے کو

ہے منوّر گناہ پھر بھی ثواب
ڈر رہے ہیں خدا سے ڈرنے کو

فشارِ زندگی کم کرنے سے روکو
اجل کو دشمنی کرنے سے روکو

قیامت یہ کہیں ڈھا کر رہے گی
نظر کو دلبری کرنے سے روکو

جب اک دنیا کو حق حاصل ہے اس کا
مجھے کیوں بندگی کرنے سے روکو؟

سلیقہ ہو جسے کچھ مے کشی کا
اُسے کیوں مے کشی کرنے سے روکو؟

منوّر ہے اسی کے دم سے زندہ
اسے کیوں شاعری کرنے سے روکو

بوالہوس واقفِ اسرارِ محبت کیوں ہو؟
درخورِ اوج یہ افتادِ طبیعت کیوں ہو؟

ہم نے دریاؤں کو بے تاب ہی دیکھا ہے مدام
دل جو ہو سیر وہ محرومِ فراغت کیوں ہو؟

جنس کی قدر ہوئی ہے کبھی ناجنس کی قدر
اور غم کوئی حریفِ غمِ الفت کیوں ہو؟

خونِ مفلس کوئی یاقوتِ بدخشاں تو نہیں
خونِ مفلس کسی زردار کی دولت کیوں ہو؟

میں منوّر کوئی نیلام کا اسباب نہیں
سرِ بازار مقرر مری قیمت کیوں ہو؟

۷۵

مری صبح وابستۂ شام کیوں ہو؟
مری سعی کو فکرِ انجام کیوں ہو؟

جو ہو صبحِ حسرت جو ہو شامِ حرماں
مری صبح کیوں ہو مری شام کیوں ہو؟

مشیت کی تنبیہ سے سرنگوں ہوں
مجھے حسبِ مرضی ہر اک کام کیوں ہو؟

شکایت کی حد میں شکایت بجا ہے
شکایت میں پہلوئے الزام کیوں ہو؟

اُٹھے گی منور نگاہِ تماشا
نمودار کوئی سرِ بام کیوں ہو؟

یہ اتنی برہمی کیوں ہے یہ مجھ سے بدگماں کیوں ہے؟
جو میں تم کو سناتا ہوں وہ میری داستاں کیوں ہے؟

الٰہی خیر کیا کوئی مصیبت آنے والی ہے
جو اک دنیا سے کھنچتا ہو وہ مجھ پر مہرباں کیوں ہے؟

مری غیرت یہ خود رائی گوارا کر نہیں سکتی
نہ جو میرا خدا ہو وہ خدائے دو جہاں کیوں ہے؟

رخِ گیتی کا غازہ خاک ہے اُن خوں نہاں دل کی
وجودِ اہلِ دل اہلِ زمانہ پر گراں کیوں ہے؟

زمانہ لمحہ لمحہ کام آتا ہے زمانے کے
منور عمر اک میری ہی عمرِ رائیگاں کیوں ہو؟

تجھ کو فرصت کبھی اے گردشِ دوراں کیوں ہو!
خود جو دشمن ہو خدا اُس کا نگہباں کیوں ہو؟

مری ہر سانس ہے اک شرطِ وفا کی تکمیل
عمر نے ساتھ دیا ہے تو گریزاں کیوں ہو؟

دل خود اپنے ہی لہو سے نہ دکھائے یہ بہار
رنگ و بو کے لیے ممنونِ گلستاں کیوں ہو؟

کوئی تو عرضِ دعا کے لیے پنہاں رہ جائے
میری قسمت کا ہر اک حرف نمایاں کیوں ہو؟

دلِ حساس پہ احساس کی تہمت تو بجا
غمِ دوراں بھی منور غمِ دوراں کیوں ہو؟

داغِ دل ترجماں ہی کیوں ہو؟ میرے غم کا نشاں ہی کیوں ہو؟
گردشوں کا گلہ تو دور رہا آسماں! آسماں ہی کیوں ہو؟
تم سے ممکن ہو گفتگو نہ اگر میرے منہ میں زباں ہی کیوں ہو؟
جس کو سننے سے ہو تمھیں انکار وہ مری داستاں ہی کیوں ہو!
جو منورؔ ہو خود تغافل کیش وہ مرا پاسباں ہی کیوں ہو؟

غافل فنا کی راہ سے تیرا گزر تو ہو مل جائے گی ہر ایک خبر بے خبر تو ہو
پھر ہم بھی چشمِ شوق کا پردہ اٹھائیں گے پہلے حریمِ دل میں کوئی جلوہ گر تو ہو
اپنی طرف سے جذبِ وفا بے اثر نہیں ہوتا ہے پھر کبھی کوئی کشیدہ اگر تو ہو
نیت بغیر راہ روی عمل کہاں اٹھ جائیں گے قدم بھی خیالِ سفر تو ہو
کیا ہم تری غزل کو منورؔ غزل کہیں پیدا کچھ اس میں رنگِ جنابِ نظرؔ تو ہو

ردِ دعا کا خوف بھی ہے کچھ دعا کے ساتھ تقدیر نارسا بھی ہے جذبِ رسا کے ساتھ
کچھ جبر کو بھی دخل ہے اختیار میں میری رضا بھی کاش ہو تیری رضا کے ساتھ
تنہا تو دو جہاں کا سفر کر چکا ہوں میں اٹھا نہ اک قدم بھی مگر رہنما کے ساتھ
آوارہ دل، نگاہ گریزاں، خمیدہ سر یہ بندگی ہے یا ہے تمسخر خدا کے ساتھ
ان خوش نوائیوں سے منورؔ حصول کیا کچھ مغز بھی سخن میں ہو طرزِ ادا کے ساتھ

؎ نظر یعنی تاجِ سخن منشی نوبت رائے نظرؔ مرحوم جو جادۂ سخن میں منورؔ صاحب کے خضرِ راہ تھے۔

گو ازل سے ربط ہے اپنا گنہ گاری کے ساتھ ۔ ہم جو کرتے ہیں گنہ کوئی تو شرمساری کے ساتھ

پردے پردے میں خود اپنی ہی پرستش کا ہے شغل ۔ نام لیتے ہیں خدا کا لوگ عیاری کے ساتھ

ہوش آجانے پہ امکاں ہے زوالِ ہوش کا ۔ ہوش کھوتے ہیں کبھی اگر انساں ہشیاری کے ساتھ

درد کی نعمت سے محرومی نہیں درمانِ درد ۔ کر رہے ہیں دو بیماری بھی غمخواری کے ساتھ

کیا کریں گے اے منورؔ چارہ گر میرا علاج ۔ ہیں نہ جانے روگ کتنے دل کی بیماری کے ساتھ

لایا ہے تمہارے پاس مجھے جذبِ رسا دیکھ ۔ تھی کفرِ محبت میں بھی تاثیرِ خدا دیکھ

اے بندگیِ شوق نہ بڑھ حد سے زیادہ ۔ بندے کہیں بن جائیں نہ اک روز خدا دیکھ

ہو جائے کہیں خون نہ تاثیرِ دعا کا ۔ آجائے نہ یاں پر نہ کہیں دل کا مدعا دیکھ

ناحق حرم و دیر میں جا کر نہ تھکا پاؤں ۔ آنکھیں ہیں تو ہر ذرہ میں اسے جلوہ نما دیکھ

لرزاں ہیں سرِ عرش فرشتوں کے جگر بھی ۔ پہنچی ہے کہاں جا کے منورؔ کی دعا دیکھ

ہر ایک لطف سے بہتر ہے مے کشی کا مزہ ۔ پیے بغیر نہیں خاک زندگی کا مزہ

نہ آگ دل میں بھڑکتی رہے اگر ہر وقت ۔ نہ دوستی کا مزہ ہے نہ دشمنی کا مزہ

سرور کے لیے تلخی کا جزو لازم ہے ۔ بغیر رنج کی لذت کے کیا خوشی کا مزہ

اسی خیال سے کھو کر حواس بیٹھا ہوں ۔ کہ بے ہوشی سے ہے وابستہ آگہی کا مزہ

جو ہو دماغ تو لذت چشِ معانی بن ۔ نہ پوچھ مجھ سے منورؔ کی شاعری کا مزہ

جس وقت سوئے ساغرِ سرشار کی نگاہ
موجِ سرور بن گئی مے خوار کی نگاہ

ہاں ہاں سمجھ کے حکمِ سزا و جزا ذرا
نیت کی ہے گواہ گنہگار کی نگاہ

یارب کبھی تو گردشِ پیہم سے ہو نجات
بدلے کبھی تو چرخِ ستمگار کی نگاہ

ایسے میں کوئی آکے پیامِ امید دے
ڈوبی ہوئی ہے یاس میں بیمار کی نگاہ

اسباب دو جہاں ہیں منور نظر میں ہیچ
ہے کس قدر بلند طلبگار کی نگاہ

حیاتِ خضر سے بھی کچھ سوا ہے عمرِ دیوانہ
قدم آتے ہی جس کے جگمگا اٹھتا ہے ویرانہ

اٹھاتا ہوں مزے دونوں جہاں کے مے گساری سے
لگاتا ہوں خدا کا نام لے کر لب سے پیمانہ

دکھائے آکے اس میں اب کوئی شانِ خود آرائی
بنایا ہے بڑی مشکل سے دل کو آئینہ خانہ

رموزِ حسن تم جانو، رموزِ عشق ہیں سمجھو
تم اس دنیا سے بیگانے میں اس دنیا سے بیگانہ

منور تم بھی نورِ شمع عرفاں سے منور ہو
رہو بیدار شب بھر صورتِ تقدیرِ پروانہ

اے جذبۂ دل تنگ نہ کر اور زیادہ
میں آج ہوں کچھ خاک بسر اور زیادہ

ہر چند کہ فریاد سے بنتے ہیں بہت کام
ہوتا ہے خموشی کا اثر اور زیادہ

ویرانۂ دل حسرت و ارماں سے ہے معمور
آباد اجڑ کر ہے یہ گھر اور زیادہ

سمجھے تھے کہ دل جاگی گی کچھ دل کو فراغت
ہے شورِ جنوں باعثِ شر اور زیادہ

سوتے میں شبِ زیست کٹی گرچہ منور
نیند آگئی ہنگامِ سحر اور زیادہ

۷۹

میں سوالی بن کے مانگوں کیا جوابِ آئینہ
عکس ہے میرے ہی دل کا آب و تابِ آئینہ

صاف باطن ایک ہی جیسے ہیں سمجھتا ہوں میں
بادۂ انگور ہے یا ہے شرابِ آئینہ

کس کے ارمانِ خود آرائی سے پیدا ہے یہ شکل
عکسِ رُخ کس کا ہوا ہے باریابِ آئینہ

چاک ہو جائے یہ پردہ بھی تو کیسی سی ہو
سامنے آنکھوں کے رہتا ہے حجابِ آئینہ

اے منوّرؔ ان میں ہیں جذباتِ تازہ منعکس
ہیں مرے اشعار رُوحِ انتخابِ آئینہ

فکرِ دی کی غمِ فردا کی ضرورت کیا تھی
حلقۂ دامِ تمنّا کی ضرورت کیا تھی

کیا کوئی ہرج تھا نیرنگ طرازی کے بغیر
کہیں گلشن کہیں صحرا کی ضرورت کیا تھی

بے خودی کیلئے کیوں سلسلۂ ظرف و مقام
محفلِ ساغر و صہبا کی ضرورت کیا تھی

غلطی سی غلطی اور پھر اُس کا یہ جواز
میں تو کہتا ہوں کہ دنیا کی ضرورت کیا تھی

زندگی کو تو بنانا تھا منوّرؔ رنگیں
تھیں اُس رند کو تقویٰ کی ضرورت کیا تھی

ہزار کفر ہیں اک چشمِ پارسا میں تری
بھری ہوئی ہے شرارت ادا ادا میں تری

بقا کو اپنی مشیت تری سمجھتا ہوں
مری حیات قضا کا رہے رضا میں تری

مرے حبیب مری آخرت کے اے ضامن
مرے نصیب کی جنّت ہے خاکِ پا میں تری

یہ کس مقام سے تو نے خطاب فرمایا
سنی گئی مری آواز بھی صدا میں تری

یہ سوچ کر نہ منوّرؔ نے کچھ کیا شکوہ
وفا کی داد کا پہلو بھی ہے جفا میں تری

ادائے کفر (مجموعہ کلام) منور لکھنوی

۸۰

صاف ہے عاشقی میں راہ مری
تم مرے دل مرا نگاہ مری

ساتھ میرا نہ دے سفر میں اگر
پھر کہاں جائے گردِ راہ مری

کر دیا کس لیے غریب کا خون
تم سے دیکھی گئی نہ چاہ مری

تم کو جب سے بنا لیا ہے مکیں
دل نہیں دل ہے عشق گاہ مری

اے منور فلک پہ مدت سے
راہ تکتے ہیں مہر و ماہ مری

بڑھی دیوانگی حد سے تو دیوانوں پہ کیا گزری
بگولوں نے اٹھایا سر تو ویرانوں پہ کیا گزری

بتائے آگہی کو حرفِ آخر ماننے والے
متاعِ ہوش کھو بیٹھے تو فرزانوں پہ کیا گزری

کبھی اس کا بھی اندازہ کیا ہے پینے والوں نے
لبوں سے متصل ہو ہو کے پیمانوں پہ کیا گزری

کفن بردوش دیوانے ہزاروں گھر سے نکلے تھے
نہ جانے موسمِ گل میں بیابانوں پہ کیا گزری

انھیں جب ہوش آیا ہو گیا طاری جنوں ہم پر
منور کیا بتائیں ہم کہ دیوانوں پہ کیا گزری

حباب آسا بسر ہوتی ہے زیرِ آسماں میری
نہ ہو مجھ کو فنا کا خوف یہ قسمت کہاں میری

زبانِ حال سے میں ہم نوائے سازِ فطرت ہوں
کتابِ دو جہاں کا اک ورق ہے داستاں میری

نہ چھیڑو اے رفیقو رنجِ دوراں ہی ہے دل میں جذب رہنے دو
سرورِ سرمدی میری نشاطِ جاوداں میری

حیاتِ خضر بھی اس کے لیے شاید نہ کافی ہو
کہاں تک سننے والو تم سنو گے داستاں میری

ادائے شکر میں کھو لوں منور جب زباں کھولوں
ہے نا آشنا حرفِ شکایت سے زباں میری

۸۱

دمِ آخر کوئی رکھے گا کیا یارب خوشی میری
پکارا کی کسی کو زندگی بھر زندگی میری

کیے جائیں مرے حق میں جو وہ بہتر سمجھتے ہیں
رضا اُن کی ہے سب کچھ کیا خوشی کیا ناخوشی میری

جیے جاؤں گا میں جب تک مجھے غم کا سہارا ہے
مری ناکامیوں پر منحصر ہے زندگی میری

کوئی مجھ کو نہ دیکھے رنگ و بو کا جائزہ لے
چمن کے غنچے غنچے سے عیاں ہے بے کلی میری

مری آواز سُننے کو نہیں کوئی بھی آمادہ
صدا دے بھی تو دے کس کو منور بے کسی میری

دشت کی اب نہ فضا گھر کی پسند آئے گی
رہروی کوچۂ دلبر کی پسند آئے گی

کس کا عرفانِ فنا اتنا مکمل ہوگا
اک مجھے خاک ترے در کی پسند آئے گی

زندگی بخش ہو یا مانعِ تجدیدِ حیات
ہر ادا داورِ محشر کی پسند آئے گی

تم کو مرغوب ہے جب رفعتِ چرخِ نابود
کیا بلندی نہ مرے سر کی پسند آئے گی

نہ یہ فانی ہے نہ حسرت ہے نہ اصغر نہ جگر
کیوں غزل تم کو منوّر کی پسند آئے گی

جمیل فوقِ فنا جو ہوگا تو جانفزا موت بھی ملے گی
تجھے مبارک ہو مرنے والے کہ اک نئی زندگی ملے گی

ہے شرط سجدے سے بے نیازی وگرنہ معلوم سرفرازی
جبیں سے دھو لے جو ہاتھ اُس کو اجازتِ بندگی ملے گی

وہ ماہ سیما ہو خواہ ساغر وہ ماہ قرآں ہو خواہ منبر
لگائیں گے اس کو چشم و سر سے جو شے ہمیں کام کی ملے گی

قدم چمن میں سنبھل کے رکھنا نظر اٹھانا ذرا سمجھ کر
جتائے گی حق شگفتگی کا دمِ سحر جو کلی کھلے گی

خود اعتمادی یہ کہہ رہی ہے مرے اک اک لفظ سے منوّر
مذاق نکھرے گا شاعری کا ادب کو شائستگی ملے گی

۸۲

لے کروٹیں کچھ ایسی اسے جذبۂ نہانی
آ جائے پھر پلٹ کر گزری ہوئی جوانی

مر کر بھی شاید اس سے شوا رہے باقی
دل میں بھرا ہوا ہے وہ سوزِ جاودانی

مرجھا چکے ہیں جو گُل وہ پھر کہیں کھلے ہیں
ماحولِ دل شکن میں کیا ذکرِ شادمانی

جب کامیاب ہوگا جذبات کا تقاضا
کب دن دکھائے گا وہ اپنے فخرِ آسمانی

بڑھتی ہی جا رہی ہیں محرومیاں منوّر
میرے لئے نہیں کیا قسمت کی مہربانی

وہیں تک ہے دُنیا یہ ہم سازِ اپنی
جہاں تک پہنچ جائے آوازِ اپنی

اُڑیں گے جہاں تک نظر ساتھ دے گی
مقرّر ہو کیا حدِّ پروازِ اپنی

کوئی اور کیا رازِ اس کا بتائے
حقیقت ہو جب خود ہی غمّازِ اپنی

کسی دستِ گستاخ کو کیوں ہو جرأت
قبا کھول دے خود بخود نازِ اپنی

ہزار آسماں ہیں قدم بوس اپنے
منوّر ہے یہ شانِ پروازِ اپنی

نظر نظر کی تمنّا حسین ہے کتنی
یہ دیکھنا ہے کہ دُنیا حسین ہے کتنی

تمام صحنِ گلستاں بنا ہے مے خانہ
نگاہِ نرگسِ شہلا حسین ہے کتنی

تاثّرات کی رادھا کا عکس پڑنے سے
تخیّلات کی جمنا حسین ہے کتنی

مری نگاہ کی مجنوں نے پرورش کی ہے
مرے خیال کی لیلا حسین ہے کتنی

بہت جمیل منوّر کی فکرِ تازہ ہے
غزل یہ آپ نے دیکھا حسین ہے کتنی

۸۳

بہتری کی کوئی تدبیر نکلنے سے رہی
اب تو فطرتِ دلِ غمگیں کی بدلنے سے رہی

جذبۂ عشق سے ہونا ہی پڑے گا مجبور
سر پہ آئی ہوئی اُفتاد تو ٹلنے سے رہی

کبھی دُنیا کا تقاضا کبھی عقبیٰ کی طلب
مدتوں شکل یہی دل کے مچلنے سے رہی

ہم تو ہر بات کا جی بھر کے اثر لیتے ہیں
ہم کو نفرت ہی طبیعت کے بہلنے سے رہی

ہم نے مانا کہ منوّر ہے سخن پر قادر
قالبِ شعر میں ہر بات تو ڈھلنے سے رہی

بن گیا خلدِ نظر دور میں جام آتے ہی
رُوح رقصاں ہوئی مستی کا پیام آتے ہی

اُٹھ گئیں کس کی طرف یک بیک جہاں کی نظریں
بن گیا کون تماشا سرِ بام آتے ہی

گفتگو میں نظر انداز ہی کر دو مجھ کو
اور بڑھ جائیں گے قصے مرا نام آتے ہی

آگیا جذبۂ مومن پہ فرشتوں کو بھی رشک
جھوم اُٹھا عرشِ بریں لب پہ سلام آتے ہی

کھول دیں بادۂ گلگوں نے منوّر آنکھیں
آگیا ہوش مجھے ہاتھ میں جام آتے ہی

جمالِ دلنشیں کی شانِ رعنائی نہیں جاتی
بکثرت گو ہیں جلوے پھر بھی یکتائی نہیں جاتی

اسے میرے ہی غمخانے میں آ کر چین ملتا ہے
کبھی اوروں کے گھر کیوں شامِ تنہائی نہیں جاتی

حوادث کی مسلسل ٹھوکریں مجھ کو بتاتی ہیں
کہ خود آتی ہے دُنیا ہوش میں لائی نہیں جاتی

یہ ظالم دل ہے جو آوارگی کا رنگ دیتا ہے
تمنا خود کبھی بن کر تماشائی نہیں جاتی

زمانہ بیشتر ہے مطمئن اپنے مقدر سے
منوّر کیوں تمھاری ناشکیبائی نہیں جاتی

۵۰۴

بات بیجا بھی محبت میں بجا ہو جاتی
لب پہ آتی جو شکایت وہ دعا ہو جاتی

زینۂ بامِ ظفر ہے مری نظروں میں شکست
نارسا ہو کے مری آہ رسا ہو جاتی

میں ہی تھا جذبۂ منصور سے عاری ورنہ
میری آواز بھی آوازِ خدا ہو جاتی

میری بیچارگیِ دل کا بھرم رکھنا تھا
کیوں مری آہ سے تاثیر جدا ہو جاتی

تجھ پہ یہ راز نہ ظاہر تھا منورؔ ورنہ
خود تری چاہ تری راہ نما ہو جاتی

وہ آنکھیں بھی ہیں جن سے تیرگی دیکھی نہیں جاتی
وہ آنکھیں بھی ہیں جن سے روشنی دیکھی نہیں جاتی

جہاں بھی دیکھئے اہلِ نظر کا خون ہوتا ہے
یہ ناقدریِ جنسِ آگہی دیکھی نہیں جاتی

قیامت ہے اس انگارے کا بجھ کر راکھ ہو جانا
دلِ ناکام کی افسردگی دیکھی نہیں جاتی

کوئی کر دے مرتب میرے ارمانوں کا افسانہ
کہ اب اجزائے دل کی ابتری دیکھی نہیں جاتی

منورؔ کیوں تری چوکھٹ پہ آخر خاک برسر ہے
یہ پامالیِ فرقِ بندگی دیکھی نہیں جاتی

حدِ امکاں سے آگے اپنی حیرانی نہیں جاتی
نہیں جاتی نظر کی پا بجولانی نہیں جاتی

دلِ خود دار ہے عرضِ طلب سے منفعل کتنا
حصولِ مدعا پر بھی پشیمانی نہیں جاتی

جہاں پہلے کبھی سب گوش بر آواز رہتے تھے
وہاں بھی اب مری آواز پہچانی نہیں جاتی

نہیں تعظیم کے لائق نہیں تکریم کے قابل
وہ در جسکی طرف جھو اُٹھ کے پیشانی نہیں جاتی

بہت ناکامیِ ارماں سے دل کا خون ہوتا ہے
منورؔ یہ خلش دل سے بآسانی نہیں جاتی

۸۵

جنوں کی شرطِ مکمل کبھی نہیں ہوتی
جنوں کے ساتھ اگر آگہی نہیں ہوتی

بدل چکا ہے بدلنے کو کروٹیں لاکھوں
ذرا بھی دردِ جگر میں کمی نہیں ہوتی

مرا سوال ہی کرتا ہے خونِ خود دل کا
ترے جواب سے آزردگی نہیں ہوتی

تمام دیکھنے والے نگاہ رکھتے ہیں!
نگاہ سب کی مگر ایک سی نہیں ہوتی

ترا کلام منوّر ہے کس قدر پُر کیف
ترے کلام سے آسودگی نہیں ہوتی

دم بہ دم یاد کس کی یہ آنے لگی
دل تڑپنے لگا جان جانے لگی

دل نے یہ کونسی داستاں چھیڑ دی
بند آنکھیں ہوئیں نیند آنے لگی

میری قسمت نے ایسا اندھیرا کیا
شمعِ محفل بھی آنسو بہانے لگی

کامیابی مجھے منتظر چھوڑ کر
در کسی اور کا کھٹکھٹانے لگی

میں منوّر بہت خاک بر سر رہا
میری مٹی نہ پھر بھی ٹھکانے لگی

شام بدلے گی سحر اور بہت بدلے گی
ابھی دنیا کی نظر اور بہت بدلے گی

انقلابات بہت آئے ہیں آنے کے لئے
ابھی دنیا یہ مگر اور بہت بدلے گی

کل تھی کچھ آج ہے کچھ اس پہ تعجب کیوں ہو
فطرتِ نوعِ بشر اور بہت بدلے گی

معتبر ہیں نہ کرم کے نہ ستم کے انداز
نگہِ شعبدہ گر اور بہت بدلے گی

کس کو ہم مسکنِ جاوید منوّر سمجھیں
رُوح اپنی ابھی گھر اور بہت بدلے گی

٨٦

کشادہ بال ہے عنقا نظیر کیا ہوگی / سمٹ کے فکر مری گوشہ گیر کیا ہوگی
رہا ہوں دور ہمیشہ زمانہ سازی سے / مری سرشت یہ میرا ضمیر کیا ہوگی
کسی کے پاس کب آتی ہے چارہ گر بن کر / قضا غریب مری دستگیر کیا ہوگی
ابھی تو قید کا پورا مزا ملا ہی نہیں / ابھی رہائیِ مرغِ اسیر کیا ہوگی
یہ حال اب ہے منورؔ تو عہدِ ماضی میں / تری طبیعتِ ہنگامہ گیر کیا ہوگی

فتنۂ حسن ستم گر کو اٹھے دیر ہوئی / نگہِ شعبدہ پرور کو اٹھے دیر ہوئی
کیوں ہے پھر دیدۂ مشتاق سے مائل بہ حجاب / کیا نقابِ رخِ انور کو اٹھے دیر ہوئی
نکہت و نور سے ہو خاک نظر کی سیری / اعتبارِ گل و گوہر کو اٹھے دیر ہوئی
یہی معراجِ شہادت کا تقاضا بھی تھا / امتیازِ سر و خنجر کو اٹھے دیر ہوئی
آج تک لوگ اسے یاد کیے جاتے ہیں / یوں تو دنیا سے منورؔ کو اٹھے دیر ہوئی

گلے لگائے گی معصومیت کو رعنائی / کھلائے پھول نیا ہر کلی کی انگڑائی
جمال ان کو میسر بھی ہے ستاروں کا؟ / کہاں یہ اشک کہاں تابِ شبنم آرائی
جنوں پرست ہیں سب پھر بھی مختلف ہے مزاج / کوئی کسی کا ہے کوئی کسی کا سودائی
اس اضطراب سے بے حد سکون ملتا ہے / مجھے قبول محبت کی ناشکیبائی
پسِ فسانہ منورؔ ملا نشان مرا / کہ میری خاک بگولا تھی ایک صحرائی

ادائے کفر (مجموعہ کلام) — منور لکھنوی

۸۷

سر سے ہوائے عالمِ فانی چلی گئی
میں جس سے تھا سبک وہ گرانی چلی گئی

جب دل میں حوصلے تھے امنگوں میں جان تھی
وہ عمر کٹ گئی وہ جوانی چلی گئی

ہلکی سی ٹیس بھی ہے طبیعت کو ناگوار
وہ آرزوئے دردِ نہانی چلی گئی

پھرتے تھے جس کو روز لگائے جگر سے ہم
وہ نقش مٹ گیا وہ نشانی چلی گئی

جب سے منورؔ اہلِ سخن تنگ ہیں ہوئے
وہ وسعتِ جہانِ معانی چلی گئی

نظارۂ جمالِ خود آرا کرے کوئی
اپنی نظر سے آئینہ پیدا کرے کوئی

گو ہے درست ترکِ محبت کا مشورہ
دل ہی نہ دے صلاح تو پھر کیا کرے کوئی

بیگانۂ خرد کو تو یہ فخر مل چکا
دیوانہ خرد کو بھی رسوا کرے کوئی

یہ شست و شو ہر ایک کے بس کی نہیں ندیم
دھوئے جو ہاتھ سب سے تو سجدا کرے کوئی

پھر حاجتِ سوال منورؔ کبھی نہ ہو
شرمندۂ کرم مجھے اتنا کرے کوئی

ثبوتِ گرمئ بازار ہی نہیں کوئی
متاعِ دل کا خریدار ہی نہیں کوئی

مری نظر میں بڑی جاں ستاں ہے عشق کی چوٹ
تری نظر میں یہ آزار ہی نہیں کوئی

یہ بات کیا ہے ذرا اپنی سمت دیکھ کریم
ترے کرم کا سزاوار ہی نہیں کوئی

یہی سلوک اگر ہے تو بس خدا کی پناہ
کہیں کسی کا روادار ہی نہیں کوئی

زیادہ مجھ سے منورؔ ہے کون درخورِ عفو
کہ مجھ سے بڑھ کے گنہگار ہی نہیں کوئی

ادائے کفر (مجموعہ کلام) منور لکھنوی

۸۸

اُٹھائی ہے نظر اس سمت ہی دامن کشاں پھر بھی
ہوئے ہیں مہرباں ہی کچھ مگر نامہرباں پھر بھی

پتہ کچھ اضطرابِ دم بدم سے گرچہ ملتا ہے
بہت دشوار ہے اندازۂ دردِ نہاں پھر بھی

عدم سے تا بہ ہستی راستہ ہے پُر خطر کتنا
ہیں محوِ آمد و شد کارواں در کارواں پھر بھی

نمائش گو نہیں شامل اصولِ جبہ سائی میں
نجوم آسا چمک اُٹھتے ہیں سجدوں کے نشاں پھر بھی

ہمیں تسلیم ہیں دعوے تمہاری ضبط کوشی کے
منور دیکھنا ہے تم کو وقتِ امتحاں پھر بھی

رقص کرتی ہے کسی کی چشمِ مستانہ ابھی
جھوم کر کعبہ بنا جاتا ہے میخانہ ابھی

اک ذرا سی وحشتِ دل کا اشارہ چاہیئے
آگہی سے کام لے سکتا ہے دیوانہ ابھی

میرے بال و پر لگیں اس میں بجائے خار و خس
میرا کاشانہ نہیں ہے میرا کاشانہ ابھی

قید سے باہر نکل آنے میں یہ تاخیر کیا
توڑ کر زنجیر رکھ دے کیوں نہ دیوانہ ابھی

اے منور دم زدن کا بھی توقف کس لیے
ہر حقیقت کو بنا دوں گا میں افسانہ ابھی

نہ سمجھ مجھ کو رائیگاں پیارے
میری قیمت بھی ہے گراں پیارے

شوق سے تو نہ لے خبر میری
میں خود اپنا ہوں پاسباں پیارے

جنبشِ لب خلافِ عادت ہے
حالِ دل کیوں کروں بیاں پیارے

دل ترا صاف مجھ سے ہو کہ نہ ہو
میں نہیں تجھ سے بدگماں پیارے

نہ کبھی اُٹھ سکے منور سے
یہ حجاباتِ درمیاں پیارے

۸۹

تابشِ مہر و ماہ ہے پیارے
یا تری گردِ راہ ہے پیارے

اک دمِ سرد، ایک نالۂ غم
اور کیا چیز آہ ہے پیارے

نہ ملا خاک میں نہ اِس کو ملا
دل تری جلوہ گاہ ہے پیارے

زندگی کا سفر نہیں آساں
یہ بڑی سخت راہ ہے پیارے

کچھ منوّر پہ بھی نگاہِ کرم
حال اس کا تباہ ہے پیارے

ہیں بیگانہ خو بھی یگانے ترے
فدائی ہیں کتنے نجانے ترے

تری قدر و قیمت گراں سے گراں
بڑے سے بڑے کارخانے ترے

میسّر ہو تیرا سہارا مجھے
مرے ہاتھ ہوں اور شانے ترے

اِدھر اک مرا سر بشوقِ سجود
اُدھر بے شمار آستانے ترے

منوّر ہی کے ساتھ یہ بخل کیوں
لُٹے اور سب پر خزانے ترے

سلسلہ آہ کا جب بامِ اثر تک پہونچے
ہم سمجھ لیں ترے طالب ترے در تک پہونچے

سرِ ساحل ہی لرزتا ہے سفینہ دل کا
اور چکرائے یہ کشتی جو بھنور تک پہونچے

آپ کے دستِ کرم کو مرے سر سے نسبت
آپ کا دستِ کرم کیوں مرے سر تک پہونچے

دلِ روشن سے بھی حاصل نہیں نقدِ معراج
تری رفعت کو نہ خورشید و قمر تک پہونچے

جو یہ حالت ہے تو پھر با خبری کیا معلوم
بے خبر کو نہ منوّر کی خبر تک پہونچے

۹۰

جذبۂ سلسلۂ پرواز کہاں تک پہونچے — دیکھئے اب مری آواز کہاں تک پہونچے
عقل کیا اب تو جنوں کو بھی یہ معلوم نہیں — بڑھ کے ارمانِ تگ و تاز کہاں تک پہونچے
کیا خبر نغمگیِ دل میں ہو کتنی تغییر — اثرِ خامشیِ ساز کہاں تک پہونچے
پوچھئے ہم سے، نہیں آپ اگر خود آگاہ — آپ کا حوصلۂ ناز کہاں تک پہونچے
دیکھنا ہے دلِ بربادِ منورؔ کے سوا — آپ کا دیدۂ غمّاز کہاں تک پہونچے

ہوا جا رہا ہوں جنوں کے حوالے — خرد کا جو بس ہو تو آکر سنبھالے
لئے جائے گا آدمی سانس کب تک — کچھ اب اور جینے کی صورت نکالے
یہ خود اعتمادی بلا ہے تو پھر کیوں — کسی کا کوئی بے سبب آسرا لے
اُٹھانے چلے ہاتھ کلیوں کی جانب — خود اپنے ہی بندِ قبا کھول ڈالے
محبت میں ہر طرح مٹنا پڑے گا — منورؔ سے کہہ دو نہ یہ روگ پالے

تباہ ہونے کو ہو سکتے ہیں لاکھوں آشیاں والے — کہاں سے بجلیاں لائیں گے اتنی آسماں والے
یہ حالت ہے قفس میں تو کہیں عنقا نہ ہو جائیں — سمٹیں گے کہاں تک بازوؤں کو آشیاں والے
جو دامن تھام لیتا ہوں کسی کا حرج ہی کیا ہے — مجھے کانٹا نہ سمجھیں گلستاں کو گلستاں والے
کبھی اپنی ہی گردش سے انھیں فرصت نہیں ملتی — مقدر کیا بنائیں گے کسی کا آسماں والے
منورؔ کس لئے بزمِ سخن میں بددلی اتنی — تمھاری قدر کرتے ہیں ادب والے زباں والے

۹۱

اثر سے کھیلنے والے، دعا سے کھیلنے والے
تجھے شاباش ہم مرکر قضا سے کھیلنے والے

خبر بھی ہے تجھے کچھ آہ میں کتنا سوزِ پنہاں ہے
مرے دل کی زبانِ بے صدا سے کھیلنے والے

بچھی تو ہے بساطِ شوق لیکن دیکھنا یہ ہے
یہ بازی کھیلتے ہیں کس ادا سے کھیلنے والے

مبادا جذبۂ مہر و وفا کا خون ہو جائے
حذر اے جذبۂ مہر و وفا سے کھیلنے والے

منورؔ خاتمہ اس کھیل کا اب دیکھیے کیا ہو
بہت کھیلے دلِ درد آشنا سے کھیلنے والے

مرے حق میں ہے غم دینے والے
نشاطِ ہر دو عالم دینے والے

خزانے میں ترے کیا کچھ نہیں ہے
گہر بخشِ شبنم دینے والے

کیا غم دے کے مجھ کو شاد تو نے
سلامت باد اے غم دینے والے

حسیں ہے بھول توفیقِ کرم کی
زیادہ دے گئے کم دینے والے

دیا ہے دل کو غم جس نے دیا ہے
منورؔ کون ہیں ہم دینے والے

نیاز مندی کا واسطہ تھا اسی لیے نازنین نکلے
جو دو جہاں میں تھے جلوہ آرا وہ تیرے دل کے مکین نکلے

تھی خود نمائی یہ کیسی کس حسن نے مذاقِ آوارگی نکھارا
چمن میں کلیاں حسین نکلیں فلک پہ تارے حسین نکلے

کچھ ایسے حالات پیش آئے کہ مجھ سے ایسا عمل ہو پیدا
یقین بھی جب گماں نکلے گماں بھی جب یقین نکلے

جو تم نے پیش نظر کیے تھے دیا تھا اذنِ ظہورِ حسن تو
کبھی بلا کی تھی انہیں شوخی کبھی وہ جلوے متین نکلے

اٹھا کے بیگانگی کا پردہ شبابِ اعظم جو آپ دیکھیں
جو آپ کا ہے ازل سے ایماں وہی منورؔ کا دین نکلے

۹۲

مدّتوں کام نہ جو صبر و سکوں سے نکلے
بس وہ اک زلزلۂ جوشِ جنوں سے نکلے

اک وہ آواز جو دب کر مرے دل میں رہ جائے
اک وہ آواز جو ہر سنگ و ستوں سے نکلے

کبھی اُس آتشِ جذبات پہ بھی ایک نظر
بن کے شعلہ جو مری چشمِ دروں سے نکلے

ہو گئی اور گراں منزلتِ شوقِ فنا
کام کتنے مری ارزانیِ خوں سے نکلے

گو منوّر یہ ہوس ہے مگر اُمّید نہیں
جان قالب سے جو نکلے تو سکوں سے نکلے

دل خون روئے آنکھ اگر کوئی تر ملے
سینہ ہو شق جو چاک کسی کا جگر ملے

ناحق سوالِ شوقِ نظارہ کا خوش ہو
یا رب ملے تو چشمِ حقیقت نگر ملے

دُنیائے بے ثبات کی تصویر کھنچ گئی
تارے جو ڈوبتے ہوئے وقتِ سحر ملے

ملتے ہیں بے دلی سے تو ملنا ہے کیا ضرور
سو بار ہم ملیں کوئی دل سے اگر ملے

اشکوں میں دل کا حال منوّر رقم ہو جب
پھر کیوں نہ لفظ لفظ میں آبِ گہر ملے

ہے کون دردِ دل کا شناسا کہیں جسے
کوئی نہیں ہے دہر میں اپنا کہیں جسے

کیوں ہو رہا ہے ایک زمانے سے مشورہ
اچّھا وہی ہے آپ خود اچّھا کہیں جسے

اربابِ زہد کا عرقِ انفعال ہے
رندوں کی اصطلاح میں صہبا کہیں جسے

دُنیا کا ہر طلسم سزاوارِ دید ہے
یہ وہ مقام ہے کہ تماشا کہیں جسے

دستِ سخا سے کام منوّر مدام لے
وہ دل تجھے نصیب ہو دریا کہیں جسے

۹۳

نکلے صدا نہ کوئی جب اپنے ہی ساز سے
ہوں کیسے آشنا میں نوا ہائے راز سے

اے حرفِ سرنوشت نہ ہو مفت منفعل
سرگوشیاں نہ کر کرمِ کارساز سے

مجھ کو برنگِ خضر نہیں حرصِ زندگی
یارب معاف رکھ مجھے عمرِ دراز سے

بیمارِ غم سے پرسشِ احوال کس لئے
سب حال آئینہ ہے رخِ چارہ ساز سے

اس وقت کوئی مجھ کو منوّر نہ دے صدا
ہوں ہم کنارِ شاہدِ معنی طراز سے

نظر میں پست ہے ہوشمندی ہوں دور کوسوں میں آگہی سے
جنوں سے آنکھیں کھلی ہیں میری شعور پایا ہے بیخودی سے

مجھے ضرورت ہی کیا ہے اسکی کہ غیر سے کوئی بات چھیڑوں
سوال بھی آپ سے کروں گا جواب بھی لوں گا آپ ہی سے

سرشت سمجھوں تو کسکی سمجھوں مزاج واں گر ہوا ہو نخوت کا
دیارِ عالم میں اجنبی ہوں یہاں ہیں واقف نہیں کسی سے

مقام اس کا ہے اور ہی کچھ وقار اس کا ہے اور ہی کچھ
مقابلہ کیا کسی کے ظلم کا کسی بھی شائستۂ خودی سے

خود اپنے احباب کی روش سے یہ شخص پامال ہو چکا ہے
نہ اس قدر رنج و ایذا اٹھائے کوئی منوّر کی سادگی سے

ہاتھ اٹھائے بیٹھے ہیں ہم تو اک زمانے سے
کچھ قفس سے مطلب ہے اب نہ آشیانے سے

عظمتوں میں گم ہو کر خود فسانہ بن جائے
دور کیوں حقیقت ہو اس قدر فسانے سے

اے خیالِ خودداری کچھ تو مشورہ آخر
سر یہ جا کے ٹکرائیں کس کے آستانے سے

رزق کے تجسّس میں لاکھ خود فریبی ہے
بوئے دام آتی ہے پھر بھی دانے دانے سے

کس لئے منوّر تم وقفِ ناامیدی ہو
کیا تمھیں توقع تھی آخر اس زمانے سے

ادائے کفر (مجموعہ کلام) — منور لکھنوی

۹۴

موت بہتر ہے کہیں حسنِ وفا ہونے سے / اب کوئی ہم کو بچائے نہ فنا ہونے سے
ترجمانِ دلِ بے تاب زباں ہو کہ نظر / ہے غرض ہم کو تو مطلب کے ادا ہونے سے
دلِ صافی کو ہے اب اپنی صفائی پہ غرور / آئینہ ہو گیا اندھا یہ جلا ہونے سے
چارہ گر تیری عنایت مرے سر آنکھوں پہ / اور بڑھ جائے گا کچھ درد دوا ہونے سے
نہ منوؔر سے ہوئی مشقِ فنا کی تکمیل / رہ گیا سوزِ دروں برق بلا ہونے سے

حال ہے کیوں دگر خدا جانے / دل پہ ہے کیا اثر خدا جانے
وجہِ تسکیں کبھی جو سودا تھا / کیوں ہے اب دردِ سر خدا جانے
اک طرف دل ہے عقل ایک طرف / کون ہے معتبر خدا جانے
کیا ٹھکانا ہے شامِ ہستی کا / کب ہو اس کی سحر خدا جانے
اُف رے ناکامیاں منوؔر کی / کیا کیا عمر بھر خدا جانے

دلِ بے صبر تأمل کا مزا کیا جانے / غم کی راتوں کے تسلسل کا مزا کیا جانے
اصطلاحاتِ گلستاں سے جو آگاہ نہیں / صوتِ گل نغمۂ بلبل کا مزا کیا جانے
ہو جو پُرکاریٔ اربابِ توجہ کا شکار / دل وہ اندازِ تغافل کا مزا کیا جانے
جب تک اُس روئے شگفتہ کی نہ دیکھی ہو بہار / کوئی خندیدگیٔ گل کا مزا کیا جانے
اے منوؔر مری ہستی میں نہیں جو بجز غم / میرے انوارِ تحمل کا مزا کیا جانے

۹۵

یوں نہ یارب مرے منصب سے گرانا تھا مجھے
اپنے در کا بھی نہ محتاج بنانا تھا مجھے

بڑھ گئی ہوش کی تکمیل سے غفلت کتنی
چھین کر ہوش مرے ہوش میں لانا تھا مجھے

سختیٔ غم سے ہوئے دیدۂ پُرنم عاجز
ہو گیا خشک وہ دریا جو بہانا تھا مجھے

ناخدا یوں تو میں احسان ترا لے لیتا
اپنی کشتی کو مگر پار لگانا تھا مجھے

اور بھی اُن کو منوّر میں ہوا دیتا ہوں
جن بھڑکتے ہوئے شعلوں کو بجھانا تھا مجھے

ملا تھا روزِ ازل ذوقِ کامیاب مجھے
مری نظر نے کیا خود ہی انتخاب مجھے

نہ اعتبار مرے ظرف کا تھا ساقی کو
کبھی نہ بھر کے دیا ساغرِ شراب مجھے

ہوائے دہر سے بکھرا ہے دل کا شیرازہ
ورق ورق نظر آتی ہے یہ کتاب مجھے

میں اپنی خامیٔ طرزِ بیاں پہ نادم ہوں
مرا سوال ہی خود بن گیا جواب مجھے

کہا ہے دیدۂ انجام بیں نے آگہِ راز
بساطِ دہر منوّر ہے فرشِ خواب مجھے

دیکھ کر معترفِ خامیٔ تدبیر مجھے
وہ دکھاتے ہیں پلٹ کر رُخِ تقدیر مجھے

منحصر دیکھ کر انجام کو مرضی پہ تری
کر دیا شوق نے آمادۂ تقصیر مجھے

خندہ زن ہوں نہ مرے ذوقِ عمل پر نافہم
کہ نہیں خطِ جبیں مانعِ تدبیر مجھے

دیکھنا ٹھیس نہ لگ جائے ان آئینوں کو
موت سے بڑھ کے ہے جذبات کی تحقیر مجھے

ڈال دیتی ہے منوّر تنِ بے روح میں جان
کیوں نہ ہو خاکِ وطن غیرتِ اکسیر مجھے

۹۶

اک ادائے نازنیں سے دل کی آرائش رہے
اک نگاہِ شوخ سے پہلو کی زیبائش رہے

دیکھنے کو میرے دل کے غمکدے کا طول و عرض
بند آنکھوں سے کوئی مصروفِ پیمائش رہے

میں بضد ہوں اس طرف اور اُس طرف سے بارہا
اجتنابِ عاشقی کی مجھ کو فہمائش رہے

جان لینے کے ارادے سے کوئی ہو مضطرب
جان دینے کی کسی کے لئے فرمائش رہے

میں منوّر صورتِ آئینہ شفاف ہوں
میرے دل میں گردِ کاہش کی نہ آلائش رہے

کبھی تو دیدۂ آگاہ باز ہو جائے
مری نگہ نگہِ امتیاز ہو جائے

نثارِ شمعِ حقیقت ہو مثلِ پروانہ
یہ دل مرقعِ سوز و گداز ہو جائے

یہ ہے جنونِ حقیقت میں سعیِ دستِ مراد
کہ تار تار لباسِ مجاز ہو جائے

ہو خم ہلال صفت تیرے آستانے پر
مری جبیں بھی جبینِ نیاز ہو جائے

اسی پہ اب ہے منوّر کی آبرو کا مدار
سلام کر کے تجھے سرفراز ہو جائے

موت آجائے تو مشکل ہی آساں ہو جائے
درد کی ہے یہی معراج کہ درماں ہو جائے

مدد اے ضبط کہ ہے درپئے تشہیر خلش
زخمِ پنہاں نہ کہیں زخمِ نمایاں ہو جائے

یا کوئی رُخ نہ کرے بھول کے عصیاں کی طرف
یا ہمیشہ کے لئے مائلِ عصیاں ہو جائے

لوگ کہتے ہیں جسے کفرِ محبت یا رب
مرا مذہب مرا مسلک مرا ایماں ہو جائے

میں رہوں قیدِ بلا میں بھی منوّر آزاد
نورِ عرفاں مجھے تاریکیِ زنداں ہو جائے

۹۷

کچھ تو جینے کا سہارا چاہیئے
آپ سے پیمانِ فردا چاہیئے

دل نہیں حد بندیوں سے مطمئن
وسعتِ کونین گویا چاہیئے

میرے پیچھے پڑ رہی ہے کس لیئے
تنگ دامانی تجھے کیا چاہیئے

حضرتِ دل کے تقاضے خوب ہیں
چاہیئے جو کچھ بھی اچھا چاہیئے

اے منوّر تا بکے آخر قیام
اب تو اس دنیا سے چلنا چاہیئے

دل کا ہر جذبہ فنا انجام ہونا چاہیئے
کچھ تو پاسِ حسرتِ ناکام ہونا چاہیئے

وہ سفر ہی کیا نہ جسمیں جم سکے ہر قدم کا رنگ
نقش در آغوش اک اک گام ہونا چاہیئے

دیکھ، ہاں اے فطرتِ آزاد اپنی سمت دیکھ
کیا تجھے محتاجِ فرش و بام ہونا چاہیئے

شانِ صیادی ہیں فرق آتا ہے توہینِ چمن
دانے دانے میں طلسمِ دام ہونا چاہیئے

خواہ کیسی ہی خرابی سے منوّر ہو بسر
زندگی اپنی بخیر انجام ہونا چاہیئے

دشت و وحشت چاہیئے جیب و گریباں چاہیئے
حسبِ حاجت عاشقی میں ساز و ساماں چاہیئے

آ رہی ہے پرسشِ اربابِ دل سے یہ صدا
چاہیئے تو درد لیکن دردِ پنہاں چاہیئے

رنگ و بوئے گلشنِ فردوس حاصل ہو سہی
جو مرے دل سے ہو پیدا وہ گلستاں چاہیئے

ہم نہ بتخانے کے حامی ہیں نہ کعبے کے خلاف
کفر بھی ہمدوش ہو جس کے وہ ایماں چاہیئے

کیوں منوّر طے بہ آسانی نہ ہو راہِ سخن
رہنمائی کو نظرؔ[1] ایسا سخنداں چاہیئے

[1] نباضِ سخن منشی نوبت رائے نظرؔ لکھنوی

٩٨

خود کو شرمندۂ بیداد کیا ہے کس نے؟ — آج مجھ سے مجھے یاد کیا ہے کس نے؟
کس نے پہلو میں یہ آہستہ سے چٹکی لی ہے — دل کو مجبورِ یہ فریاد کیا ہے کس نے؟
زندگی کو تو سمجھتا ہوں میں اک جورِ عظیم — کیا خبر یہ ستم ایجاد کیا ہے کس نے؟
ہے جو احسان تو کچھ حسرتِ جاوید کا ہے — ورنہ پاسِ دلِ ناشاد کیا ہے کس نے؟
داد ہر سمت سے ملتی ہے منوّر کو بجا — اتنا اونچا سرِ اجداد کیا ہے کس نے؟

بے پردگی کو پردۂ عصمت بنائیے — یعنی مجاز کو بھی حقیقت بنائیے
ہر شے میں دیکھئے اسی ناہید کا جمال — ہر شے کو جلوہ گاہِ محبت بنائیے
صورت رہے نہ آپ کی محتاج آئینہ — جو خود ہی آئینہ ہو وہ صورت بنائیے
پردے میں سادگی کے ہوں رنگینیاں ہزار — ایسا مزاج ایسی طبیعت بنائیے
کیوں دیجئے غریب منوّر کو دردِ عشق — کیوں اُسکی زندگی کو مصیبت بنائیے

وہ دل دیجئے وہ نظر دیجئے — محبّت سے رگ رگ کو بھر دیجئے
پڑیں لاکھ چوٹیں اثر کچھ نہ ہو — وہ دل دیجئے وہ جگر دیجئے
خریدارِ جنسِ محبّت ہوں میں — جو سودا زدہ ہو وہ سر دیجئے
یہ کِھل کر چمن کو بنا دیں چمن — تہی دست غنچوں کو زر دیجئے
منوّر کو مل جائے سب کچھ اگر — دُعاؤں کو رنگِ اثر دیجئے

۹۹

اُن کی ادا ادا کو سراہیں تو کس لئے؟
ہم اُن کو چاہنا بھی جو چاہیں تو کس لئے؟
فریاد کی نغاں کی سماعت کہیں نہیں
ہر وقت دردِ دل سے کراہیں تو کس لئے؟
معلوم ہے کہ اس کا نہیں دادگر کوئی
ہم وضعِ عاشقی کو نبھاہیں تو کس لئے؟
ہم کو تو خود ہی دل کی تباہی کا شوق ہے
اُٹھتی نہیں جو تم پہ نگاہیں تو کس لئے؟
کس واقعہ سے دل پہ منوّر لگی ہے چوٹ
بھرتے ہو بار بار جو آہیں تو کس لئے؟

میں بھی مطالعہ کروں دل کی کتاب کھولئے
دل کی کتاب کھولئے عشق کا باب کھولئے
آپ کی ہیں بلائیں لوں آپ کو میں دعائیں دوں
جامِ شراب دیجئے راہِ ثواب کھولئے
کیوں ہے ابھی سے جائزہ میرے اک اک گناہ کا
روزِ شمار آئے جب فردِ حساب کھولئے
ہو کے خود اپنے ترجماں کیجئے خلق کو جواں
ذکرِ شباب چھیڑیئے رازِ شباب کھولئے
ہوش ہیں تو منوّر آپ کر نہ سکیں گے حل یہ پیچ
عقدۂ کیف باصراحتِ رندِ خراب کھولئے

چین سے موت کے آغوش میں ملنے کے لئے
مر مٹے ہم رُخِ ہستی کو بدلنے کے لئے
چاہتے ہیں مری تحریرِ جبیں کی تجدید
جب ہیں راضی نہیں قسمت کو بدلنے کے لئے
مٹنے پائے نہ مرے ذوقِ خلش کی عظمت
دل میں کانٹا نہ چبھے دل سے نکلنے کے لئے
کس لئے آئے عبث برقِ نظر پر الزام
خود ہی جل جائے گی جو چیز ہے جلنے کے لئے
یہ کشاکش جو منوّر ہے تو منزل معلوم
راستہ ہی نہیں ملتا کہیں چلنے کے لئے

دفترِ مرگ میں داخل نہیں ہونے پاتے
دل کے جذبے کبھی زائل نہیں ہونے پاتے

حسرتِ اُن چند ارادوں پر اُن ارمانوں پہ
جو مری زیست کا حاصل نہیں ہونے پاتے

ہائے دفتر کے وہ دفتر جو دمِ عرضِ سوال
حائلِ ولولۂ دل نہیں ہونے پاتے

جن عناصر سے محبت میں کمی ہوتی ہے
میری فطرت ہی میں داخل نہیں ہونے پاتے

اور کیا تم سے منورؔ ہو توقع کوئی
بے کمالی میں بھی کامل نہیں ہونے پاتے

زباں پر اُن کے دل کا مدعا آنے نہیں دیتے
اُنھیں کچھ وہم ہے کچھ اُن کو فرمانے نہیں دیتے

کھلا ہے شمعِ نورانی سے یہ اندازِ دل ورنہ
پتہ کچھ سوزشِ پنہاں کا پروانے نہیں دیتے

گہر ہو آئینہ ہو سنگریزہ ہو کہ دریا ہو
کسی کی آبرو پر حرف ہم آنے نہیں دیتے

مآلِ اندیشیاں عبرت ملی ہے موسمِ گل سے
کسی کے غنچۂ خاطر کو مرجھانے نہیں دیتے

منورؔ ہم کو ہے احساس اپنے نسل کی عظمت کا
گھٹا اس آسماں پر رنج کی چھانے نہیں دیتے

نگاہِ کفر مریدِ اماں سے پوچھ تو لیتے
مآلِ اہلِ غمِ جاناں سے پوچھ تو لیتے

ہوا ہے کون ہلاکِ ادائے بیگانہ
کسی کی چشمِ پشیماں سے پوچھ تو لیتے

ہے اختیار تمھیں لاکھ گل کھلانے کا!
مگر بہارِ گلستاں سے پوچھ تو لیتے

کھلے گا کبھی مرے ماضی سے رازِ مستقبل؟
ذرا یہ گردشِ دوراں سے پوچھ تو لیتے

حیاتِ نو کا اسے بخشنا بجا ہی سہی
مگر منورِ بے جاں سے پوچھ تو لیتے

۱۵۱

نگاہِ ناز کے جور و ستم اُٹھا نہ سکے! / یہ بوجھ وہ ہے کبھی جس کو ہم اُٹھا نہ سکے
کسی کا عشق بھی کیا جس کے ہم نہیں قائل / کسی کے ناز بھی کیسے جو ہم اُٹھا نہ سکے
گرا دیا ہمیں اتنا فلک نے پستی میں / کہ سر بھی صورتِ نقشِ قدم اُٹھا نہ سکے
یہ بزمِ دہر اک اپنے لئے ہے ویرانہ / جو چند روز بھی لطف اس کا ہم اُٹھا نہ سکے
ہوئی ہے رحمتِ خالق سے اتنی استعداد / جو یہ نہ ہو تو منوّر قلم اُٹھا نہ سکے

میں ہلاکِ رنگِ مے ہوں وہ مقام آ نہ جائے / مرے سامنے کسی کا کہیں جام آ نہ جائے
کوئی جذبِ دل سے کہہ دے اسے کون روکتا ہے / مرے کام اگر ہے آنا مرے کام آ نہ جائے؟
ہے عجیب وقت کی رَو کہ لگا ہے دن کو دھڑکا / کہیں صبح آ نہ جائے کہیں شام آ نہ جائے
رہے اپنی حد میں یارب یہ خیالِ خود نمائی / کہیں کوئی بے بلائے سرِ بام آ نہ جائے
وہ یہ سوچ کر منوّر مجھے دُور رکھ رہے ہیں / کہیں اُن کے در کی مٹی مرے کام آ نہ جائے

وہ پھول جو بہار بداماں نہیں رہے / آئینہ دارِ حُسنِ گلستاں نہیں رہے
ہر شرط ہم نے تا دمِ آخر نباہ دی / صد شکر زندگی سے پشیماں نہیں رہے
ہم جانتے تھے اس سے تعرض محال ہے / بیگانۂ مشیّتِ یزداں نہیں رہے
تاویلِ کفرِ عشق بھی کیا خوب ہے کہ ہم / نامِ خدا لیا تو مسلماں نہیں رہے
تھا جن کا حرف حرف منوّر صدائے غیب / شاعر نہیں رہے وہ سخنداں نہیں رہے

۱۰۲

سازِ عشرت کی صدائیں سُن کے غمدیدہ ہوئے
اور بھی ہم فکرِ آسائش میں کاہیدہ ہوئے

ایک میرے ہی لیئے ہے کیا خریداروں کا قحط
جنسِ کاسد کیوں مرے افکارِ سنجیدہ ہوئے

ہے پرستارانِ صورت کا یہ آخر کیا مذاق
جس کے گرویدہ ہوئے بس اُس کے گرویدہ ہوئے

کیا خبر تھی ہوش سے بیگانگی تھی عینِ ہوش
عقل کو جب طاق پر رکھا تو فہمیدہ ہوئے

اے منورؔ دادگر ان کا کہیں ہے بھی کوئی
آئینہ ناحق مرے جذبات پوشیدہ ہوئے

طرزِ فریاد و آہ بدلی ہے
التجا کی نگاہ بدلی ہے

اک نہ اک انقلاب آیا ہے
جب کسی کی نگاہ بدلی ہے

وقت پڑنے پہ ہم سے یہ پوچھو
کس نے کیسی نگاہ بدلی ہے

اب محبّت کے ہیں نئے آئین
چاہ بدلی ہے راہ بدلی ہے

کیا منورؔ نظر ہو شعبدۂ فلک
روشِ مہر و ماہ بدلی ہے

شدّتِ جذبۂ بیتاب سے ڈر لگتا ہے
شعلۂ آتشِ سیماب سے ڈر لگتا ہے

بال و پر خود جو ہیں پرکالۂ آتش پھر کیوں
حدّتِ مہرِ جہانتاب سے ڈر لگتا ہے

بھڑک اُٹھیں نہ کہیں ہر رگِ تن سے شعلے
اپنے تپتے ہوئے اعضا سے ڈر لگتا ہے

فاش کر دے نہ کہیں پردۂ تہذیبِ جدید
دلِ برگشتۂ آداب سے ڈر لگتا ہے

لب کشائی کی منورؔ نہیں جرأت باقی
تنگیِ خاطرِ احباب سے ڈر لگتا ہے

۱۰۳

عالم یہ آج کل مرے سوزِ دروں کا ہے
انگارہ میری آنکھ میں ہر قطرہ خوں کا ہے

عقبیٰ سے کر رہا ہے جو اُمیدِ عافیت
دل اک فریب خوردۂ دُنیائے دوں کا ہے

جی اُٹھے دل یہ اب تو سراسر محال ہے
مارا ہوا کسی کی نظر کے فسوں کا ہے

سیدھا ہوا نہ اپنا مقدّر جو آج تک
نیرنگ ایک یہ فلکِ واژگوں کا ہے

یہ سادگی غریب منوّر کی دیکھئے
اُن کی نگاہِ ناز سے طالب سکوں کا ہے

تماشائی یہ کس کے حُسن میں گم ہونے والا ہے
نظر سوزِ جہاں کس کا تبسّم ہونے والا ہے

جگر کا خون بھی ہر اشک میں ہو جائے گا شامل
یہ گوہر اپنی خوش آبی سے انجم ہونے والا ہے

بکھر جائے گا یہ جلوہ سمٹ کر عرشِ اعظم پر
ترا خندہ ستاروں کا تبسّم ہونے والا ہے

ندامت سے جھکی جاتی ہیں کیوں ادراک کی آنکھیں
یقیں کس کا گرفتارِ توہّم ہونے والا ہے

یہ حالت ہے تو ہرگز ہوش قائم رہ نہیں سکتے
منوّر شدّتِ جذبات میں گم ہونے والا ہے

تاکتی ہے جو مجھی کو وہ مصیبت کیا ہے
ٹوٹتی ہے جو مجھی پر وہ قیامت کیا ہے

میں تو ہر واقعۂ زیست کا لیتا ہوں اثر
جو ہو احساس سے عاری وہ طبیعت کیا ہے

رنج میں دیکھ کے مجھکو کوئی شاداں کیوں ہو
جو مرے غم سے ہو پیدا وہ مسرّت کیا ہے

سانپ بن کر کبھی ڈس جائے گی زرداروں کو
جو غریبوں کے نہ کام آئے وہ دولت کیا ہے

کٹ گئی عمر مگر راز کچھ اس کا نہ کھلا
اک معمّہ ہے منوّر مری قسمت کیا ہے

۱۰۴

دل سے ہنگامۂ محشر کا تعلق کیا ہے
میری وحشت سے مرے گھر کا تعلق کیا ہے

دیکھ کر نکہتِ گُل مجھ کو یہ آتا ہے خیال !
تیرے زانو سے مرے سر کا تعلق کیا ہے

اس پہ خود اس کے تقاضوں سے چھری ملتی ہے
حلق سے دشنہ و خنجر کا تعلق کیا ہے

واعظوں کو مئے و ساغر کا مزا کیا معلوم
واعظوں سے مئے و ساغر کا تعلق کیا ہے

بندگی کے لئے کیا سجدۂ و سر کی حاجت
سجدہ و سر سے منوّر کا تعلق کیا ہے

فنا ہونے سے گھبرانا یہ کیا ہے
محبت کر کے پچھتانا یہ کیا ہے

کہیں تو بیٹھ جاؤں توڑ کر پاؤں
کبھی آنا کبھی جانا یہ کیا ہے

ہوا جاتا ہے دل کا خون یا رب
مصیبت اک ہے غم کھانا یہ کیا ہے

کچھ اس میں مصلحت پنہاں ہے ورنہ
عنایت مجھ پہ فرمانا یہ کیا ہے

غلط ہے کچھ اگر ہے بدگمانی
منوّر سے بھی کترانا یہ کیا ہے

شکستِ جذبۂ دل پر یہ برہمی کیا ہے
جو کامیابِ وفا ہو وہ زندگی کیا ہے

درست ہوگا بکھرنا فلک پہ تاروں کا
بساطِ خاک پہ لیکن یہ ابتری کیا ہے

لگے نہ داغ اطاعت کا میری طاعت پر
جو میرے سر کو جھکا دے وہ بندگی کیا ہے

بہارِ خونِ عنادل پہ بس کرے گی کہاں
کھلیں گے اور بھی گُل باغ میں ابھی کیا ہے

تجلّیِ مہ و خور کا تو اعتراف مگر
نہیں ہیں جب سے منوّر وہ روشنی کیا ہے

۱۰۵

طے مرحلۂ خوف و خطر ہم نے کیا ہے
موجوں کی کشاکش میں سفر ہم نے کیا ہے

اک چیخ سے کونین کا ہلتا ہے کلیجا
اندازۂ فریاد و اثر ہم نے کیا ہے

آتی ہے نظر اپنی ہی توفیق در انداز
رُخ عالمِ امکاں میں جدھر ہم نے کیا ہے

ٹھوکر جو لگانا ہے بصد شوق لگائیں
خم آپ کے قدموں پہ یہ سر ہم نے کیا ہے

اک عمر کا حاصل ہے منوّر یہ کرامات
جب حوصلۂ عرضِ ہنر ہم نے کیا ہے

سکوں مل گیا ہے قرار آ گیا ہے
کسی پر ہمیں اعتبار آ گیا ہے

قفس میں بھی کیسی بہار آ گئی ہے
قفس میں جو ذکرِ بہار آ گیا ہے

اُن آنکھوں کو دیکھا ہے مخمور جب سے
اِن آنکھوں میں بھی کچھ خمار آ گیا ہے

ملا ہے دمِ صبح شبنم نے غازہ
یہ کیوں روئے گُل پر نکھار آ گیا ہے

منوّر کو دیکھا تو کچھ لوگ سمجھے
سرِ بزم اک بادہ خوار آ گیا ہے

یہ اندھیر کیسا ہے۔ کیا غضب ہے
کوئی نیم جاں ہے کوئی جاں بلب ہے

ضرور آج بر آئیں گے دل کے ارماں
اُدھر سے تقاضائے عرضِ طلب ہے

محبت میں کیا ابتدا۔ انتہا کیا
نہ کچھ آس جب تھی نہ کچھ آس اب ہے

کوئی جان لے یا نہ لے اس کی مرضی
یہاں جان دینے میں انکار کب ہے

نہیں ٹوٹتا سلسلہ روز و شب کا
منوّر کو رونا یہی روز و شب ہے

۱۰۶

منوّر اب آرام کا وقت ہے
چلو گھر چلو شام کا وقت ہے

نظر آ رہی ہے شفق سُرخ سُرخ
یہی بادہ و جام کا وقت ہے

کہاں تم فراغت کے لمحے کہاں
یہی عرضِ پیغام کا وقت ہے

طلب ہے اگر کچھ تو کر لو طلب
یہ تقسیمِ انعام کا وقت ہے

منوّر کرو خردہ گیروں کو چُپ
ابھی ردِّ الزام کا وقت ہے

حرفِ نشاط لوحِ مقدّر سے دُور ہے
یعنی کسی کا ہاتھ مرے سر سے دُور ہے

بے حرمتیِ شوق ہے پایانِ تشنگی
وہ لب ہی کیا ہے جو ترے ساغر سے دُور ہے

نزدیک لا چکا ہے بہت جذبۂ نیاز
پھر بھی درِ قبول مرے سر سے دُور ہے

وابستگی بھی کوئی دلیلِ وفا نہیں
ساحل قریب رہ کے سمندر سے دُور ہے

اُس کی طرف نظر بھی اُٹھائے کسے مجال
جو آستانِ جبینِ منوّر سے دُور ہے

سکوں کا ذکر عبث اضطراب برحق ہے
محیطِ دل کے لئے پیچ و تاب برحق ہے

یہی بس ایک ہے آئینِ زندگی کا نچوڑ
شباب و شعر ہیں جائز شراب برحق ہے

مجھے تو راس نہ آیا یہ زہدِ ناکارہ
ثواب ننگِ عمل ہے عذاب برحق ہے

پلک جھپک کے نہ بن جائے موت کا پردہ
یہ نیند کب ہے روا کب یہ خواب برحق ہے

کوئی بھی سانس منوّر فضول صرف نہ ہو
نفس نفس کا شمار و حساب برحق ہے

۱۰۷

دل کی ہو دل سے ملاقات بہت مشکل ہے
اور سہل ہے یہ بات بہت مشکل ہے

عشق والوں کی تو دعوت ہے جنوں سے ممکن
حسن والوں کی مدارات بہت مشکل ہے

بزم فطرت کے بھی آئین کہیں بدلے ہیں
سب کے مابین مساوات بہت مشکل ہے

جیب خالی ہو تو اک لمحہ بھی ہوتا ہے پہاڑ
مفلسی میں بسر اوقات بہت مشکل ہے

ہدیۂ غم ہیں منورؔ مرے دل کے ٹکڑے
کوئی ٹھکرائے یہ سوغات بہت مشکل ہے

تم محترز رہو جو تمھیں احتراز ہے
مجھ کو تو اپنی کفر پرستی پہ ناز ہے

جس کے بھی دل میں آئے وہ آسودہ کام ہو
ہر شخص کے لئے درِ میخانہ باز ہے

کہنے کے واسطے تو ہیں دو حرف ہی بہت
کہنے کو میرے دل کا فسانہ دراز ہے

امید انکشاف میں کب تک جیا کروں
گویا کسی کا راز قیامت کا راز ہے

کیا کیا مکاشفات نظر آئیں دیکھئے
محوِ غزل منورِؔ افسوں طراز ہے

مرے ہی دل پہ تمھیں اعتبار کم کم ہے
مگر یہی ہے جو اسرارِ غم کا محرم ہے

تمھیں بتاؤ مجھے فکرِ اندمال ہو کیوں
وہ زخم دل میں ہے جو بے نیازِ مرہم ہے

قدم قدم پہ میں سجدوں کو آزماتا ہوں
قدم قدم پہ مرا فرقِ بندگی خم ہے

نہیں یہ واقفِ رازِ کشود و بندِ حیات
یہیں پہ ختم حدِ اختیارِ آدم ہے

میں کس لئے ہوں منورؔ امیدوارِ مآل
مری حیات کا مقصد تو سعیٔ پیہم ہے

۱۰۸

ہمیں ساتھ اُس کا گوارا نہیں ہے
جسے اپنا دشمن بھی پیارا نہیں ہے

سہے گا وہ کیا تلخیاں زندگی کی
جسے بادہ نوشی گوارا نہیں ہے

تم اُس شکل ہی سے سامنے آ رہے ہو
تصور تصور ہمارا نہیں ہے

شنا ورنہ کھا جائیں دریا میں غوطہ
یہ حدِ نظر ہے کنارا نہیں ہے

مصیبت میں دل کو سنبھالے رہے گا
منور کوئی بے سہارا نہیں ہے

نصیب کام و دہن اتنی تشنگی کیوں ہے؟
جو دل کا رند ہے محروم سرخوشی کیوں ہے؟

مرا یہ درد ہے کیا شئے کسی کو کیا معلوم
مری نگاہ میں رونا مری ہنسی کیوں ہے؟

بنا دیا ہے جسے مرگ نامرادی نے
مری حیات وہ میری ہی زندگی کیوں ہے؟

ہوئی ہے اور جبینوں پہ ثبت مہر قبول
سپردِ طاق یہ میری ہی بندگی کیوں ہے؟

فلک کے پست ستارو پڑے ہو کیوں پیچھے
تمہیں غریب منور سے دشمنی کیوں ہے؟

ہوش مندی کی بات کی تو ہے
آج ہم نے شراب پی تو ہے

شاید آ جائے پھر پلٹ کے شباب
دل کو آواز ہم نے دی تو ہے

دردِ سر لاکھ زندگانی ہو
یہی درمانِ درد بھی تو ہے

دم زدن میں نہ جانے کیا ہو جائے
پینے والے کو ہوش ابھی تو ہے

نہ کہو تم ولی منور کو
یہی کیا کم ہے آدمی تو ہے

۱۰۹

دل کو مرنا قبول سا کچھ ہے　　اب تو جینا فضول سا کچھ ہے
دل کو بے حد سنبھال کر رکھنا　　پان سا کچھ ہے پھول سا کچھ ہے
دیکھئے کیا دکھائیں عشق کے دن　　دل ابھی سے ملول سا کچھ ہے
مرگ و ہستی سے کیا ہوا حاصل　　سلسلہ یہ فضول سا کچھ ہے
کہہ رہے ہیں جسے منوّر لوگ　　آدمی بے اصول سا کچھ ہے

نہیں معلوم کن اجزا سے بنی ہوتی ہے　　آرزو جو کبھی ہے گردن زدنی ہوتی ہے
رگِ الفت سے ٹپکتی ہے جو اک خون کی بوند　　قدر و قیمت میں عقیق یمنی ہوتی ہے
چاہیئے اس کے لئے جذبۂ فرہاد گداز　　صرف تیشے سے کہیں کوہ کنی ہوتی ہے
یہ بتائے گا تمہیں تجربۂ تلخ کلیم　　جاں گسل کتنی صدائے ارنی ہوتی ہے
پیش کرتا ہوں منوّر جو میں شہپارۂ سخن　　روحِ بے لوث کی صافی سے چھنی ہوتی ہے

حواس و ہوش سے بیگانہ ہونا بھی ضروری ہے　　کبھی انسان کا دیوانہ ہونا بھی ضروری ہے
یہ آنکھیں کس لئے پھر اور دی ہیں دیکھنے والے　　چراغِ حسن کا پروانہ ہونا بھی ضروری ہے
کچھ اس عنوان سے پہلے کہ مقبولِ دو عالم ہو　　حقیقت کے لئے افسانہ ہونا بھی ضروری ہے
نہیں سب کیفِ صہبا ٹھیک دنیا سے گزر جانا　　ہلاکِ گردشِ پیمانہ ہونا بھی ضروری ہے
بغیر اس کے جنوں کی عظمتوں پر تبصرہ کیسا　　منوّر کے لئے فرزانہ ہونا بھی ضروری ہے

۱۱۰

جو نہ سرزد ہوئی ہم سے وہ خطا کونسی ہے؟
جو نہ دی آپ نے ہم کو وہ سزا کونسی ہے؟

بے رُخی، عشوہ گری، دل شکنی، جاں طلبی
چھوڑ دی آپ نے جو طرزِ جفا کونسی ہے؟

نالۂ صبر شکن، نغمۂ اندوہ رُبا
جو نہیں بربطِ دل میں وہ صدا کونسی ہے؟

ایک دُنیا تمھیں کہتی ہے مسیحا اپنا
جو نہیں پاس تمھارے وہ دوا کونسی ہے؟

شاملِ آواز منوّر کی بھی آمیں ہو جائے
تیرے کوچے کے فقیروں کی صدا کونسی ہے؟

راتوں کو تری یاد میں کٹتے ہی بنی ہے
یعنی مری نیندوں کو اُچٹتے ہی بنی ہے

آواز بھی دینے پہ ہوئی جب نہ سماعت
سائل کو ترے در سے پلٹتے ہی بنی ہے

اک نسخۂ آگاہیٔ جاوید سمجھ کر
ہر وقت فسانہ ترا رٹتے ہی بنی ہے

جب آنکھ دکھائی ہے اسے تیرے کرم نے
قسمت کو مرے حق میں پلٹتے ہی بنی ہے

ٹکّر بھی، ساحل سے اگر لی ہے منوّر
پیچھے کی طرف موج کو ہٹتے ہی بنی ہے

ہو دنیا خواہ عقبیٰ دیدنی ہے
تماشا ہے یہ جنت نادیدنی ہے

خدا کے نام پر کرتے ہیں سب کچھ
گُنہ گاروں کا تقویٰ دیدنی ہے

یہ مانا ہو رہا ہے خون دل کا
مگر رنگِ تمنّا دیدنی ہے

لہو کے گھونٹ پی کر جی رہا ہوں
مرے غم کا مداوا دیدنی ہے

منوّر اب بھی ہے محوِ کشاکش
یہ ہمّت، یہ کلیجا دیدنی ہے

ادائے کفر (مجموعہ کلام) منور لکھنوی

بے مائگی میں حوصلۂ التجا بھی ہے
شکووں کے ساتھ ساتھ زباں پہ دعا بھی ہے

اب کیا ہے چاہے جیسے بھی موجوں سے کھیلئے
ساحل بھی ہے سفینہ بھی ہے ناخدا بھی ہے

ہم جانتے ہیں دل کو ہے عرضِ وفا کا شوق
لیکن اسے سلیقۂ عرضِ وفا بھی ہے؟

مانا کہ دو جہاں پہ اسی کا ہے اختیار
مجبور اپنے حکم سے لیکن خدا بھی ہے

عہدِ رواں میں خوب ہو منوّرؔ غزل سرا
عہدِ رواں میں کوئی تمھیں پوچھتا بھی ہے

کرم کا اک طرف اظہار بھی ہے
کرم سے اک طرف انکار بھی ہے

یہ کیا تہذیبِ نظارہ کی تشریح
کوئی شائستۂ دیدار بھی ہے

محبّت باعثِ فخر و مباہات
محبّت وجہِ ننگ و عار بھی ہے

تمھارے سامنے ہو خواہ مجبور
یہ دل اپنی جگہ مختار بھی ہے

منوّرؔ پر ہے ناحق تہمتِ شرک
یہ کافر کیش تو دیندار بھی ہے

موجِ خمار سے جلا شیشۂ دل پہ کی بھی ہے
کہتے ہو مے کو تم برا یہ کوئی آگہی بھی ہے

چاہیئے چارۂ مرض حسبِ علامتِ مرض
تلخیٔ مے سے کیوں حذر تلخ تو زندگی بھی ہے

یہ جو ہے نشہ سا مجھے اس کا ہے راز ہی کچھ اور
جو نہیں رندِ بادہ مست وہ کوئی آدمی بھی ہے

ایک کرشمہ کام دو سچ ہے شراب کے لئے
جلوہ دہِ خودی بھی ہے شعلۂ بیخودی بھی ہے

دُور شراب سے مگر ذکرِ شراب سے بھرا
خوب منوّرؔ آپ کا عالمِ شاعری بھی ہے

۱۱۲

دل کی تسکیں کبھی ہوئی بھی ہے — آتشِ غم کہیں بجھی بھی ہے
ہیں ادائیں جنوں کی مبہم سی — کچھ یہ رونا بھی کچھ ہنسی بھی ہے
جب تعلق کا ذکر کرتے ہو — دشمنی بھی ہے دوستی بھی ہے
ظلم کی داد شور و شیون بھی — ظلم کی داد خامشی بھی ہے
اب منورؔ کوئی نہیں اپنا — ہائے کیا چیز بےکسی بھی ہے

مرا وجود تو خود مجھ پہ بار گزرے ہے — عجب ہے کیا جو تمھیں ناگوار گزرے ہے
برنگِ موجِ رواں بےقرار گزرے ہے — جدھر سے بھی دلِ امیدوار گزرے ہے
سکوں ضرور میسر کبھی ہوا ہوگا — یہ زیست اب تو بصد انتشار گزرے ہے
کوئی تو آکے بدل دے روش زمانے کی — کہ لمحہ لمحہ مرا بےقرار گزرے ہے
عجب نظر سے منورؔ کو دیکھتا ہے جہاں — جدھر سے بھی یہ غریب الدیار گزرے ہے

پریشاں کوئی اس قدر کس لئے ہے؟ — یہ دل کس لئے ہے یہ سر کس لئے ہے؟
ہے جب ایک سب کی نگاہوں کا مرکز — گریزاں نظر سے نظر کس لئے ہے؟
غمِ دو جہاں اپنا مقصد بتا دے — مرا دل تری رہ گزر کس لئے ہے؟
خدا کے لئے توڑ ان بندشوں کو — اسیرِ خیال و نظر کس لئے ہے؟
جبینِ منورؔ کہیں اور خم ہو — پھر آخر ترا سنگِ در کس لئے ہے؟